Caro aluno, seja bem-vindo!

A partir de agora, você tem a oportunidade de estudar com uma coleção didática da SM que integra um conjunto de recursos educacionais impressos e digitais desenhados especialmente para auxiliar os seus estudos.

Para acessar os recursos digitais integrantes deste projeto, cadastre-se no *site* da SM e ative sua conta.

Veja como ativar sua conta SM:

1. Acesse o *site* <**www.edicoessm.com.br**>.
2. Se você não possui um cadastro, basta clicar em "Login/Cadastre-se" e, depois, clicar em "Quero me cadastrar" e seguir as instruções.
3. Se você já possui um cadastro, digite seu *e-mail* e sua senha para acessar.
4. Após acessar o *site* da SM, entre na área "Ativar recursos digitais" e insira o código indicado abaixo:

AJHIS-A2488-MDZ6C-F7FMM

Você terá acesso aos recursos digitais por 12 meses, a partir da data de ativação desse código.

Ressaltamos que o código de ativação somente poderá ser utilizado uma vez, conforme descrito no "Termo de Responsabilidade do Usuário dos Recursos Digitais SM", localizado na área de ativação do código no *site* da SM.

Em caso de dúvida, entre em contato com nosso **Atendimento**, pelo telefone **0800 72 54876** ou pelo *e-mail* **atendimento@grupo-sm.com** ou pela internet <**www.edicoessm.com.br**>.

Desejamos muito sucesso nos seus estudos!

Requisitos mínimos recomendados para uso dos conteúdos digitais SM

Computador

PC Windows
- Windows XP ou superior
- Processador dual-core
- 1 GB de memória RAM

PC Linux
- Ubuntu 9.x, Fedora Core 12 ou OpenSUSE 11.x
- 1 GB de memória RAM

Macintosh
- MAC OS 10.x
- Processador dual-core
- 1 GB de memória RAM

Tablet

Tablet IPAD IOS
- IOS versão 7.x ou mais recente
- Armazenamento mínimo: 8GB
- Tela com tamanho de 10"

Outros fabricantes
- Sistema operacional Android versão 3.0 (Honeycomb) ou mais recente
- Armazenamento mínimo: 8GB
- 512 MB de memória RAM
- Processador dual-core

Navegador

Internet Explorer 10

Google Chrome 20 ou mais recente

Mozilla Firefox 20 ou mais recente

Recomendado o uso do Google Chrome

Você precisará ter o programa Adobe Acrobat instalado, *kit* multimídia e conexão à internet com, no mínimo, 1Mb

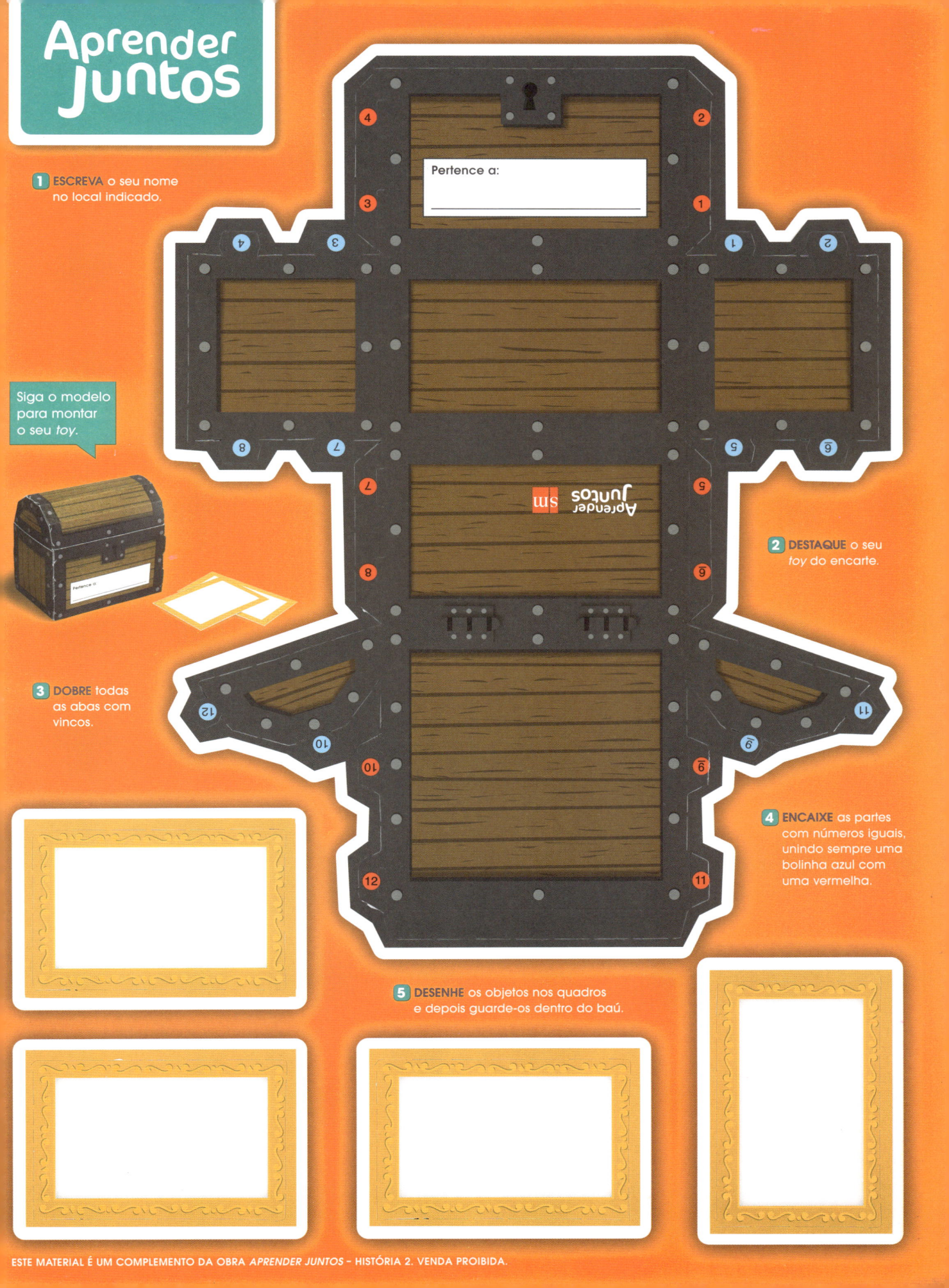

Aprender juntos

1. ESCREVA o seu nome no local indicado.

Pertence a:
_____

Siga o modelo para montar o seu *toy*.

2. DESTAQUE o seu *toy* do encarte.

3. DOBRE todas as abas com vincos.

4. ENCAIXE as partes com números iguais, unindo sempre uma bolinha azul com uma vermelha.

5. DESENHE os objetos nos quadros e depois guarde-os dentro do baú.

ESTE MATERIAL É UM COMPLEMENTO DA OBRA *APRENDER JUNTOS* – HISTÓRIA 2. VENDA PROIBIDA.

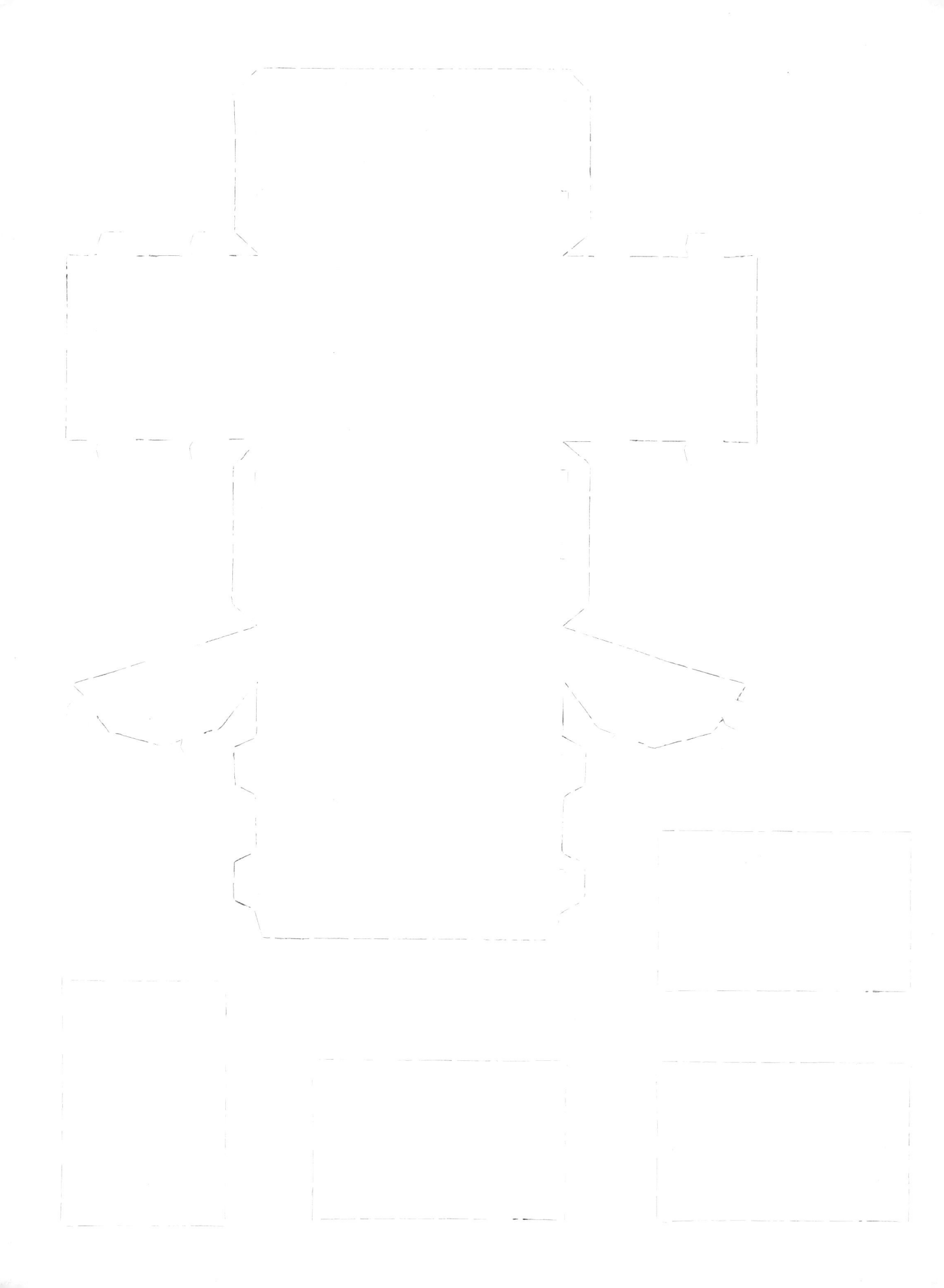

Aprender juntos

HISTÓRIA 2

ENSINO FUNDAMENTAL
2º ANO

RAQUEL DOS SANTOS FUNARI
- Licenciada em História pela Faculdade de Filosofia, Ciências e Letras de Belo Horizonte.
- Mestra e doutora em História pela Universidade Estadual de Campinas (Unicamp).
- Pesquisadora colaboradora do Departamento de História do Instituto de Filosofia e Ciências Humanas da Unicamp.
- Professora de História e supervisora de área no Ensino Fundamental e Médio.

MÔNICA LUNGOV
- Bacharela e licenciada em História pela Universidade de São Paulo (USP).
- Consultora pedagógica e professora de História no Ensino Fundamental e Médio.

ORGANIZADORA: EDIÇÕES SM

Obra coletiva concebida, desenvolvida e produzida por Edições SM.

São Paulo,
5ª edição
2016

sm

Aprender Juntos – História 2
© Edições SM Ltda.
Todos os direitos reservados

Direção editorial	Juliane Matsubara Barroso
Gerência editorial	José Luiz Carvalho da Cruz
Gerência de *design* e produção	Marisa Iniesta Martin
Coordenação pedagógica	Regina de Mello Mattos Averoldi
Edição executiva	Robson Rocha
	Edição: Isis Ridão Teixeira, Vanessa do Amaral
	Apoio editorial: Flávia Trindade, Camila Guimarães
Coordenação de controle editorial	Flavia Casellato
Suporte editorial	Alzira Bertholim, Camila Cunha, Giselle Marangon, Mônica Rocha, Talita Vieira, Silvana Siqueira, Fernanda D'Angelo
Coordenação de revisão	Cláudia Rodrigues do Espírito Santo
	Preparação e revisão: Ana Catarina Nogueira, Sâmia Rios, Valéria Cristina Borsanelli
	Marco Aurélio Feltran (apoio de equipe)
Coordenação de *design*	Rafael Vianna Leal
	Apoio: Didier Dias de Moraes
	Design: Leika Yatsunami, Tiago Stéfano
Coordenação de arte	Ulisses Pires
	Edição executiva de arte: Melissa Steiner
	Edição de arte: Wilians dos Santos Joaquim
Coordenação de iconografia	Josiane Laurentino
	Pesquisa iconográfica: Bianca Fanelli, Susan Eiko
	Tratamento de imagem: Marcelo Casaro
Capa	Estúdio Insólito e Rafael Vianna Leal sobre ilustração de Carlo Giovani
Projeto gráfico	Estúdio Insólito
Papertoys	Ilustração e planificação: O Silva
	Apoio para orientações pedagógicas: Ana Paula Barranco e Maria Viana
Editoração eletrônica	Essencial Design
Ilustrações	Alex Rodrigues, AMj Studio, Ilustra Cartoon
Fabricação	Alexander Maeda
Impressão	EGB-Editora Gráfica Bernardi Ltda

Dados Internacionais de Catalogação na Publicação (CIP)
(Câmara Brasileira do Livro, SP, Brasil)

Funari, Raquel dos Santos
  Aprender juntos história, 2º ano : ensino fundamental / Raquel dos Santos Funari, Mônica Lungov ; organizadora Edições SM ; obra coletiva concebida, desenvolvida e produzida por Edições SM ; editor responsável Robson Rocha. – 5. ed. – São Paulo : Edições SM, 2016. – (Aprender juntos)

  Suplementado pelo Guia Didático.
  Vários ilustradores.
  Bibliografia.
  ISBN 978-85-418-1456-0 (aluno)
  ISBN 978-85-418-1458-4 (professor)

  1. História (Ensino fundamental) I. Lungov, Mônica. II. Rocha, Robson. III. Título. IV. Série.

16-03932   CDD-372.89

Índices para catálogo sistemático:
1. História : Ensino fundamental 372.89

5ª edição, 2016
2ª impressão, 2017

Edições SM Ltda.
Rua Tenente Lycurgo Lopes da Cruz, 55
Água Branca 05036-120 São Paulo SP Brasil
Tel. 11 2111-7400
edicoessm@grupo-sm.com
www.edicoessm.com.br

Apresentação

Caro aluno,

Este livro foi cuidadosamente pensado para ajudá-lo a construir uma aprendizagem sólida e cheia de significados que lhe sejam úteis não somente hoje, mas também no futuro. Nele, você vai encontrar estímulos para criar, expressar ideias e pensamentos, refletir sobre o que aprende, trocar experiências e conhecimentos.

Os temas, os textos, as imagens e as atividades propostos neste livro oferecem oportunidades para que você se desenvolva como estudante e como cidadão, cultivando valores universais como responsabilidade, respeito, solidariedade, liberdade e justiça.

Acreditamos que é por meio de atitudes positivas e construtivas que se conquistam autonomia e capacidade para tomar decisões acertadas, resolver problemas e superar conflitos.

Esperamos que este material didático contribua para o seu desenvolvimento e para a sua formação.

Bons estudos!

Equipe editorial

Conheça seu livro

Conhecer seu livro didático vai ajudar você a aproveitar melhor as oportunidades de aprendizagem que ele oferece.

Este volume contém quatro unidades, cada uma delas com três capítulos. Veja como cada unidade está organizada.

Abertura da unidade

Grandes imagens iniciam as unidades. Aproveite para fazer os primeiros contatos com o tema a ser estudado.

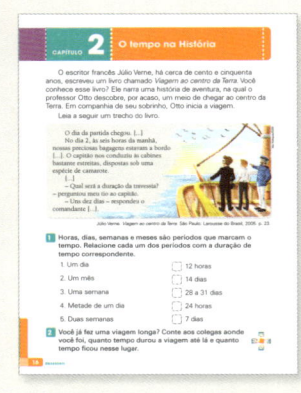

Início do capítulo

Essa página marca o início de um novo capítulo. Textos, tabelas, imagens variadas e atividades vão fazer você pensar e conversar sobre o tema.

Desenvolvimento do assunto

Os textos, as imagens e as atividades dessas páginas permitirão que você compreenda o conteúdo que está sendo apresentado.

Glossário

Ao longo do livro você encontrará uma breve explicação de algumas palavras e expressões.

Saiba mais

Conheça outras informações que se relacionam com os assuntos estudados.

4 quatro

Sugestão de *site*

Você vai encontrar sugestões de *sites* relacionados aos temas estudados.

Fontes históricas

A seção **Registros** apresenta diferentes tipos de fontes históricas. São materiais que os historiadores exploram para estudar o passado.

Finalizando o capítulo

As atividades da seção **Agora já sei!** são uma oportunidade para rever os conteúdos do capítulo.

Finalizando a unidade

As atividades práticas propostas na seção **Vamos fazer!** vão ajudar você a entender melhor os assuntos.

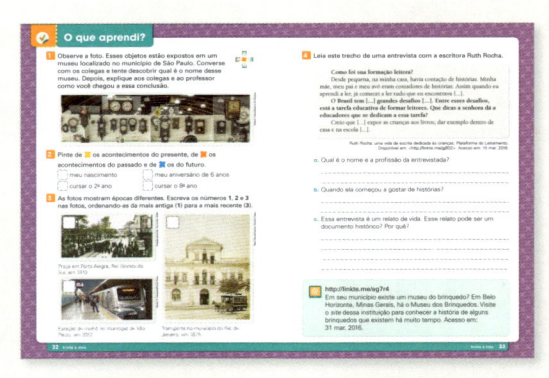

A seção **O que aprendi?** é o momento de verificar o que aprendeu. Dessa forma, você e o professor poderão avaliar como está sua aprendizagem.

Ícones usados no livro

Atividade em dupla

Atividade oral

Saber ser
Sinaliza momentos propícios para o professor refletir com a turma sobre questões relacionadas a valores.

Atividade em grupo

Roda de conversa

OED
Indica que há um Objeto Educacional Digital a ser explorado no livro digital.

cinco **5**

Sumário

UNIDADE 1 — A História

CAPÍTULO 1
O que é História › 10

- O estudo da História › **11**
- História e historiador › **12**
- Quem faz a História? › **13**
- **Registros:** Imagens › **14**
- **Agora já sei!** › **15**

CAPÍTULO 2
O tempo na História › 16

- Medindo o tempo › **17**
- Calendários › **18**
- Tempo e História › **20**
- **Agora já sei!** › **23**

CAPÍTULO 3
A escrita da História › 24

- Documentos históricos › **25**
- Tipos de documentos históricos › **26**
- Documentos escritos › **26**
- Documentos não escritos › **27**
- No tempo das cavernas › **28**
- **Registros:** Brinquedos › **29**
- **Agora já sei!** › **30**

VAMOS FAZER!
Minha linha do tempo › 31

O QUE APRENDI? › 32

UNIDADE 2 — A família

CAPÍTULO 1
As famílias são diferentes › 36

- Cada família tem um jeito e um tamanho › **37**
- A família no tempo › **38**
- Cada família tem uma história › **39**
- Os objetos contam histórias › **40**
- Nome e sobrenome › **41**
- **Registros:** Álbum de família › **42**
- **Agora já sei!** › **43**

CAPÍTULO 2
Convivência em família › 44

- O dia a dia em família › **45**
- Colaborando em casa › **46**
- Os costumes › **47**
- Famílias diferentes, costumes diferentes › **48**
- Os costumes nas famílias do passado › **49**
- Mudanças › **50**
- **Agora já sei!** › **51**

CAPÍTULO 3
As famílias brasileiras › 52

- Famílias de diferentes origens › **53**
- Uma mistura de costumes › **54**
- **Agora já sei!** › **56**

VAMOS FAZER!
Painel da minha família › 57

O QUE APRENDI? › 58

6 seis

UNIDADE 3 — A escola

CAPÍTULO 1
As primeiras escolas › 62

Quem eram os professores › 63
Quem eram os alunos › 64
A escola é direito de todos › 65
Agora já sei! › 67

CAPÍTULO 2
A convivência na escola › 68

Na sala de aula › 69
Direitos e deveres na escola › 70
Agora já sei! › 71

CAPÍTULO 3
A escola ontem e hoje › 72

A escola de seus bisavós › 73
A escola hoje › 75
Registros: Agenda › 76
A escola indígena › 77
Aprendendo as tradições de seu povo › 78
As escolas nas comunidades quilombolas › 79
Agora já sei! › 80

VAMOS FAZER!
Cartaz › 81

O QUE APRENDI? › 82

UNIDADE 4 — As ruas e a vizinhança

CAPÍTULO 1
Diferentes vizinhanças › 86

O endereço › 87
Registros: Cartas › 88
Espaço de lazer › 89
Como são os bairros › 90
Agora já sei! › 91

CAPÍTULO 2
A vida no bairro › 92

Convivência e vizinhança › 93
Serviços públicos: ontem e hoje › 94
Serviços públicos ontem › 94
Serviços públicos hoje › 95
Problemas dos bairros › 96
É possível mudar › 97
Agora já sei! › 99

CAPÍTULO 3
A história dos bairros › 100

Como surgem os bairros › 101
A história de um bairro › 102
Os bairros se transformam › 103
Preservação do passado › 104
Objetos e memória › 105
Agora já sei! › 106

VAMOS FAZER!
Entrevistando um morador › 107

O QUE APRENDI? › 108

SUGESTÕES DE LEITURA › 110

BIBLIOGRAFIA › 112

sete 7

UNIDADE 1

A História

Desde que nasceu, você viveu muitos acontecimentos e todos eles fazem parte de sua história. Certamente, você se lembra de uns e de outros não. Por isso, para conhecer melhor o passado, é preciso observar algumas pistas.

- João está olhando um álbum de fotos que ele havia guardado no baú. O que você acha que os objetos do baú significam para ele?

- E os objetos do restante do cômodo? O que eles podem contar sobre a vida de João?

- E você, que objetos ajudam a contar sua história? Monte o *toy* que está no início do livro e desenhe nos quadros que o acompanham os objetos que são importantes para você. Destaque-os e guarde-os dentro de seu baú.

- Personalize seu *toy* com os adesivos da página 121 e depois troque de baú com um dos colegas. Veja os objetos que ele guardou.

8 oito

9

CAPÍTULO 1 — O que é História

Na sala de João foi possível observar várias pistas que contam um pouco da história dele. Se você olhar ao seu redor, será que também encontrará pistas sobre a sua história e a história das pessoas com quem convive? Observe a pintura.

O quarto de Van Gogh, pintura de Ronaldo Mendes, 2009.

1 Forme dupla com um colega e responda às questões.

a. Quem é o autor da pintura? Quando ela foi feita?

b. A pintura está representando qual cômodo da casa? Que pistas vocês usaram para chegar a essa conclusão?

c. Na opinião de vocês, os objetos desse quarto ajudariam a contar a história de alguém? De quem?

O estudo da História

Pense em sua sala de aula: como as mesas estão organizadas, quem dá as aulas, que tipo de roupa você e os colegas usam.

Em 1920, há quase cem anos, as escolas eram bem diferentes das atuais.

Observe a foto e veja as pistas que ela fornece sobre um dos tipos de sala de aula existente no passado.

Sala de aula da Escola José Pedro Varela, no município do Rio de Janeiro, por volta de 1923.

1 Complete as frases com uma das informações apresentadas dentro dos quadros.

a. As alunas estão sentadas em _____.

| duplas | sozinhas | trios |

b. As mesas estão organizadas _____.

| em círculo | em triângulo | em fileiras |

c. A sala de aula da foto era _____.

| mista | só de meninos | só de meninas |

d. As roupas das alunas eram _____.

| iguais | diferentes | sujas |

2 Que semelhanças e diferenças você percebeu entre a sala de aula apresentada na foto e a sala de aula onde você estuda? Converse com os colegas.

onze 11

História e historiador

Estudar o passado, observando as mudanças que ocorreram ao longo do tempo, nos ajuda a entender o presente. Por exemplo, para compreender melhor as brincadeiras atuais, procuramos saber o que mudou e o que permaneceu no modo como as crianças brincam, como aprendem as brincadeiras.

Esse é o trabalho do historiador. Ele é o profissional que pesquisa e analisa sociedades de diferentes épocas e lugares, por meio das diversas pistas deixadas por elas.

3 Observe as imagens e escreva **C** para as frases corretas e **I** para as incorretas.

A Crianças na praia no município do Rio de Janeiro. Foto de 2013.

B *Crianças brincando na praia*. Pintura de 1803 do artista britânico Reinagle.

☐ As imagens retratam crianças na praia.

☐ As duas imagens são da mesma época.

☐ As duas imagens são de épocas diferentes.

☐ A imagem **B** retrata a época mais atual.

☐ As duas imagens são fotos.

4 Que pistas você usou para identificar se as frases estavam corretas?

_____

5 Que diferenças você observou entre as duas imagens?

Quem faz a História?

Todos nós fazemos a história: crianças, jovens, idosos, homens, mulheres, trabalhadores, governantes, entre outros.

A história de cada um começa no nascimento e se constrói ao longo do tempo. Costumes, maneiras de trabalhar, conhecimentos, modos de viver, tudo faz parte da história.

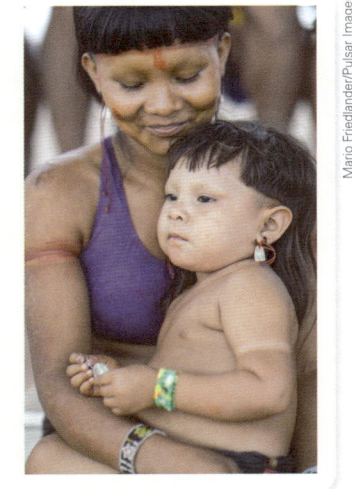

Mãe e filho da etnia Enawenê-nawê. Cuiabá, Mato Grosso. Foto de 2013.

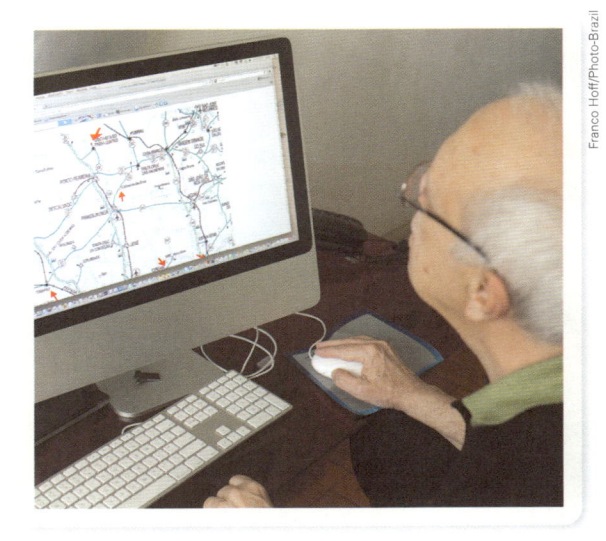

Em qualquer idade, estamos sempre aprendendo. Esteio, Rio Grande do Sul. Foto de 2012.

Os costumes e o modo de viver das pessoas fazem parte da história. Praça da República, em Belém, Pará. Foto de 2013.

Não fazemos a história sozinhos. Fazemos a história vivendo com pessoas de um mesmo grupo ou de grupos diferentes. E as relações nesses grupos acontecem em um espaço, um lugar. E também em um tempo, uma época.

1 Agora, destaque a ficha da página 113 e escreva algumas informações sobre sua história.

2 Muitas pessoas fazem parte da nossa história. Quais são as pessoas que fazem parte da sua história? Conte aos colegas e ao professor.

Registros

Imagens

Fotos, quadros, desenhos e outros tipos de imagem podem conter informações sobre os lugares e o modo de vida das pessoas em diferentes épocas.

1 Observe a foto, leia a legenda e responda às questões.

Corredor da Vitória, em Salvador, Bahia, por volta de 1925.

a. Que lugar é esse? _____

b. Quando a foto foi tirada? _____

2 Sublinhe os elementos que aparecem na foto.

Construções de dois andares   motos e ônibus
árvores   bonde e carro   *shopping center*

3 Escreva as diferenças entre a época retratada na foto e os dias atuais, em relação a:

a. meios de transporte. _____
_____

b. construções. _____
_____

Agora já sei!

1 Observe as fotos. Elas mostram momentos da história de algumas pessoas. Nas frases abaixo, escreva a letra que corresponde a cada foto.

A Família fazendo refeição, município de São Paulo. Foto de 2013.

B Manifestantes se reúnem em frente ao palácio do Planalto para reivindicar o direito de acesso à terra. Brasília, Distrito Federal. Foto de 2012.

C Certificado de conclusão da Educação Infantil, emitido em 2013.

D Carteira de identidade do imigrante italiano Giovanni Landi, emitida em 1926.

☐ Registro de uma etapa da vida escolar de uma pessoa.

☐ Registro de identidade de uma pessoa.

☐ Registro do dia a dia de uma família.

☐ Registro de um acontecimento em grupo.

quinze **15**

CAPÍTULO 2 — **O tempo na História**

O escritor francês Júlio Verne, há cerca de cento e cinquenta anos, escreveu um livro chamado *Viagem ao centro da Terra*. Você conhece esse livro? Ele narra uma história de aventura, na qual o professor Otto descobre, por acaso, um meio de chegar ao centro da Terra. Em companhia de seu sobrinho, Otto inicia a viagem.

Leia a seguir um trecho do livro.

> O dia da partida chegou. [...]
> No dia 2, às seis horas da manhã, nossas preciosas bagagens estavam a bordo [...]. O capitão nos conduziu às cabines bastante estreitas, dispostas sob uma espécie de camarote.
> [...]
> – Qual será a duração da travessia? – perguntou meu tio ao capitão.
> – Uns dez dias – respondeu o comandante [...].

Júlio Verne. *Viagem ao centro da Terra*. São Paulo: Larousse do Brasil, 2005. p. 23.

1 Horas, dias, semanas e meses são períodos que marcam o tempo. Relacione cada um dos períodos com a duração de tempo correspondente.

1. Um dia
2. Um mês
3. Uma semana
4. Metade de um dia
5. Duas semanas

☐ 12 horas
☐ 14 dias
☐ 28 a 31 dias
☐ 24 horas
☐ 7 dias

2 Você já fez uma viagem longa? Conte aos colegas aonde você foi, quanto tempo durou a viagem até lá e quanto tempo ficou nesse lugar.

Medindo o tempo

Para saber as horas ou quanto tempo falta para terminar a aula, usamos o relógio. E antes da invenção do relógio, como era possível acompanhar a passagem do tempo?

Observando a natureza, as pessoas encontraram maneiras de marcar a passagem do tempo.

Elas perceberam que podiam observar, por exemplo, o Sol, desde o momento em que ele era visto no horizonte até ele desaparecer; as diferentes aparências da Lua; a mudança da paisagem em épocas de calor ou frio.

Depois, diversos povos inventaram instrumentos para medir a passagem do tempo.

Relógio de Sol. A luz do Sol bate na haste e esta projeta uma sombra que indica a hora do dia. O relógio da foto se encontra em Domingos Martins, Espírito Santo. Foto de 2014.

Ampulheta. Mede curtos períodos de tempo, indicados pela passagem da areia de um lado ao outro do recipiente.

1 Em um dia nublado, seria possível saber as horas utilizando um relógio de Sol? Por quê?

2 Como você marcaria o tempo sem usar o relógio? Por exemplo: hora do recreio = hora em que o professor libera a turma para tomar o lanche. Converse com os colegas e pensem em como marcariam a hora de acordar, de ir à escola, de fazer as lições, de brincar, de ir dormir.

Calendários

Os calendários foram inventados para atender a necessidade do homem de marcar a passagem do tempo. Ao longo da história, diversos povos criaram calendários de acordo com suas observações da natureza e acontecimentos marcantes para suas sociedades.

O **calendário cristão**, por exemplo, é baseado nas observações do Sol e da Lua. O ano 1 começa a partir do nascimento de Jesus Cristo. Atualmente, ele é o calendário mais utilizado no Brasil e em grande parte do mundo.

Mas há outros tipos de calendário. O calendário abaixo foi criado pelo povo Ikpeng, que vive no Parque Indígena do Xingu, em Mato Grosso.

Janeiro, mês de milho.
Fevereiro, mês de abóbora.
Março, mês de batata.
Abril, mês de curso.
Maio, mês de banana.
Junho, mês de timbó.
Julho, mês de periquito.
Agosto, mês de tracajá.
Setembro, mês de "Kuaryp".
Outubro, mês de pequi.
Novembro, mês de chuva.
Dezembro, mês de melancia.

Timbó: espécie de planta utilizada na pesca.
Tracajá: espécie de tartaruga de água doce.
Kuaryp: ritual que homenageia os mortos, também chamado de Quarup.

Calendário feito por Maiwá Ikpeng, em 1988.

Tawalu Trumai. Calendário indígena. *Geografia indígena*. Brasília: MEC/SEF/DPEF, 1988. p. 55.

3 Junte-se a dois colegas para responder às questões.

   a. Que observações da natureza o povo Ikpeng pode ter feito para criar o calendário deles?

   b. Vocês acham esse calendário parecido com os calendários que vocês conhecem? Expliquem.

18 dezoito

4 Observe o calendário de atividades da comunidade da Vila de Remanso, em Lençóis, na Bahia.

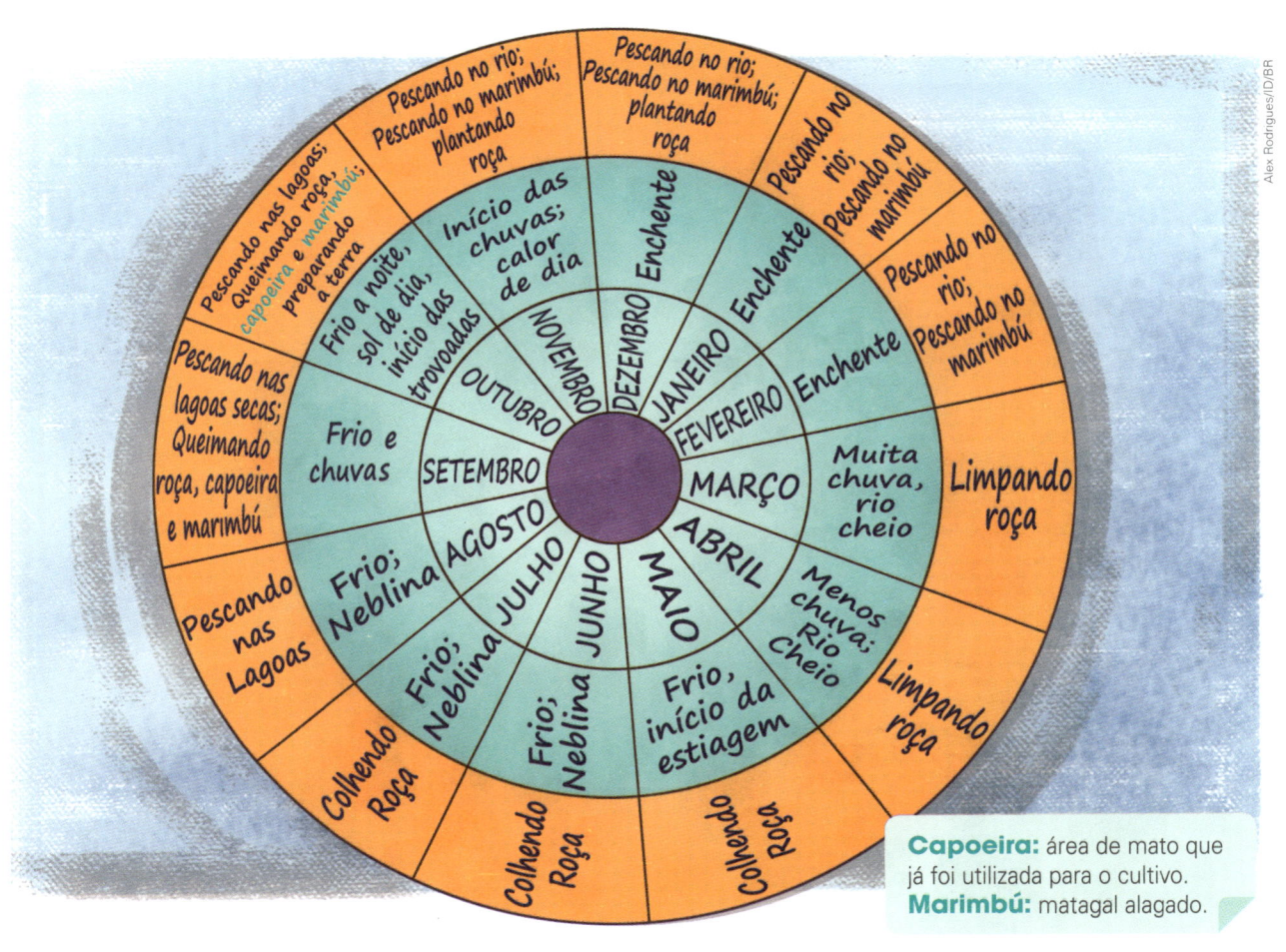

Calendário circular com os meses do ano e as atividades correspondentes:

- **JANEIRO**: Enchente — Pescando no rio; Pescando no marimbú
- **FEVEREIRO**: Enchente — Pescando no rio; Pescando no marimbú
- **MARÇO**: Muita chuva, rio cheio — Limpando roça
- **ABRIL**: Menos chuva; Rio Cheio — Limpando roça
- **MAIO**: Frio, início da estiagem — Colhendo Roça
- **JUNHO**: Frio; Neblina — Colhendo Roça
- **JULHO**: Frio; Neblina — Colhendo Roça
- **AGOSTO**: Frio; Neblina — Pescando nas Lagoas
- **SETEMBRO**: Frio e chuvas — Pescando nas lagoas secas; Queimando roça, capoeira e marimbú
- **OUTUBRO**: Frio a noite, sol de dia, início das trovoadas — Pescando nas lagoas; Queimando roça, capoeira e marimbú; preparando a terra
- **NOVEMBRO**: Início das chuvas; calor de dia — Pescando no rio; Pescando no marimbú; plantando roça
- **DEZEMBRO**: Enchente — Pescando no rio; Pescando no marimbú; plantando roça

Capoeira: área de mato que já foi utilizada para o cultivo.
Marimbú: matagal alagado.

Fonte de pesquisa: Flávia de B. P. Moura e José G. W. Marques. Conhecimento de pescadores tradicionais sobre a dinâmica espaço-temporal de recursos naturais na Chapada Diamantina, Bahia. Em: *Biota Neotropica*, v. 7, n. 3, 17 set. 2007. Disponível em: <http://linkte.me/r2m5v>. Acesso em: 31 mar. 2016.

a. Quais são as principais atividades realizadas pela comunidade?

_____
_____

b. Por que as roças são plantadas em novembro e dezembro?

_____
_____

c. Em sua opinião, as estações do ano são importantes para definir o calendário da comunidade de Remanso? Por quê?

Tempo e História

Observe estas fotos de Ana.

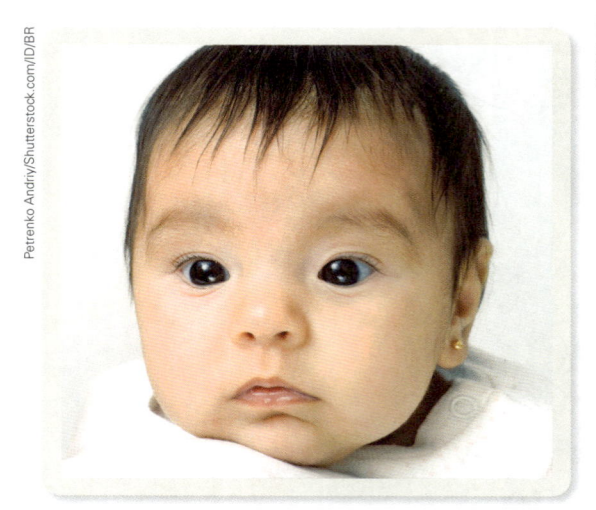

Em 2010, Ana nasceu.

Em 2011, com 1 ano, Ana aprendeu a andar, mas ainda não falava.

Em 2014, aos 4 anos, Ana foi para a escola. Primeiro dia de aula!

Em 2017, Ana já tem 7 anos e participa do time de futebol da escola.

Podemos perceber a passagem do tempo marcando a data dos acontecimentos pelo calendário: 2010, 2011, 2014, 2017.

1 Preencha a **linha do tempo** a seguir com os principais acontecimentos da vida de Ana.

> **Linha do tempo:** maneira de organizar, em sequência de datas, acontecimentos da vida de uma pessoa, um grupo de pessoas, um lugar, etc.

2010 — 2011 — 2012 — 2013 — 2014 — 2015 — 2016 — 2017

- 2010: Ana nasceu.
- 2011: _____
- 2014: _____
- 2017: Ana tem 7 anos e participa do time de futebol da escola.

20 vinte

2 Quando você faz aniversário? E os colegas da classe? E o professor? Ele vai perguntar a vocês e anotar no quadro de giz. Preencha a tabela com o dia e o nome dos colegas no respectivo mês de aniversário. Lembre-se de incluir o seu e o do professor.

Janeiro	Fevereiro	Março	Abril	Maio	Junho

Julho	Agosto	Setembro	Outubro	Novembro	Dezembro

3 Escreva duas frases sobre acontecimentos que você viveu na escola neste ano. Diga uma data aproximada (dia e mês) e descreva o acontecimento. Pode ser uma brincadeira que aprendeu, um desenho que gostou de fazer, por exemplo.

a. _____

b. _____

⊕ SAIBA MAIS

Os longos períodos de tempo podem ser contados em séculos.
Século é um período de cem anos, geralmente escrito com **símbolos romanos**. Veja.

Século I – do ano 1 ao ano 100
Século II – do ano 101 ao ano 200
Século III – do ano 201 ao ano 300
Século X – do ano 901 ao ano 1000
Estamos no século XXI (vinte e um).

Símbolo romano: símbolo do sistema de numeração romano. Para compor os números, são usadas as letras maiúsculas M, D, C, L, X, V, I.

Outro jeito de perceber a passagem do tempo é pelas mudanças que ocorrem de uma época para outra. Veja as fotos e leia as legendas.

Transporte escolar no município de São Paulo, em 1977.

Transporte escolar em Tibau do Sul, Rio Grande do Norte, em 2013.

Os eventos que se repetem todos os anos também nos ajudam a perceber a passagem do tempo. Por exemplo, em junho acontecem festas juninas em muitos municípios brasileiros.

Caconde, São Paulo. Foto de 2012.

Campina Grande, Paraíba. Foto de 2012.

4 Observando as fotos **A** e **B**, é possível notar mudanças no transporte escolar? Como você chegou a essa conclusão?

5 Além das festas juninas, procure se lembrar do nome e do período de outras festas que também ocorrem todos os anos. Anote essas informações.

Agora já sei!

1 Manhã, tarde e noite são períodos do dia. Relacione as atividades de seu dia a dia com esses períodos.

1. Manhã
2. Tarde
3. Noite

☐ Primeira refeição do dia.
☐ Hora de dormir.
☐ Ir à escola.
☐ Hora do lazer.
☐ Fazer a lição.

2 Podemos perceber a passagem do tempo observando a natureza e também pelas mudanças em nosso corpo. Observe essas duas imagens e circule as mudanças que mais chamaram sua atenção.

- Porque será que essas mudanças ocorreram?

_____

3 Ao mesmo tempo que você está na escola, o que está acontecendo com outra pessoa de sua casa?

4 E enquanto você está em sala de aula, o que os funcionários da escola estão fazendo?

5 Você costuma ser pontual? Chega na hora à escola e à reunião de grupo? Ou deixa as pessoas esperando? Converse com os colegas sobre o que eles pensam sobre atrasos e pontualidade.

CAPÍTULO 3

A escrita da História

Para escrever sua história, desde que nasceu até hoje, onde você buscaria informações?

Seus pais podem contar muitas coisas. Mas você também pode consultar fotos, vídeos, roupas e brinquedos guardados. Há ainda os **documentos oficiais**, como a certidão de nascimento.

> **Documento oficial:** documento emitido por órgãos como Secretaria de Segurança Pública, cartório de registro e outros.

1 Escreva as informações que o documento ao lado nos fornece.

a. Nome da pessoa registrada

_____

b. Data de nascimento

_____

c. Local de nascimento

_____

d. Nome da mãe

_____

e. Nome do pai

_____

Certidão de nascimento.

Documentos históricos

Certidão de nascimento, carteira de identidade, carteira de trabalho, título de eleitor são documentos necessários a todas as pessoas em diferentes etapas da vida.

Eles são fontes de informação que podem ser utilizadas para escrever a história de pessoas. Além desses documentos, muitos outros podem ser usados para a escrita da história, por exemplo: fotos, pinturas, vídeos, roupas, esculturas, cartas, mapas, livros, revistas, jornais, construções.

Esses documentos podem ser classificados como **documentos históricos**. Neles, o historiador procura informações sobre uma questão e compara essas informações com o presente. Assim, é possível observar mudanças ao longo do tempo.

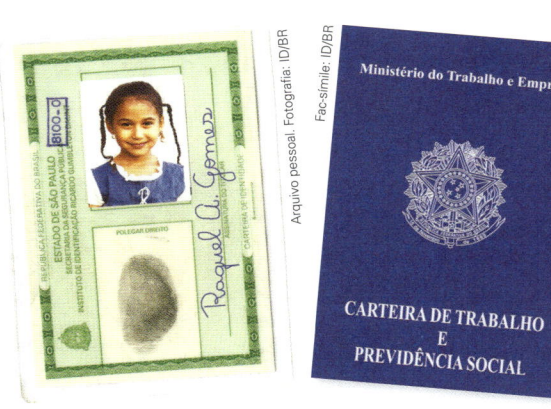

Carteira de identidade.

Carteira de trabalho.

Reprodução de parte da primeira página de um jornal.

1 Observe a página de jornal acima e anote as informações.

a. Nome do jornal: _____

b. Data de publicação: _____

c. Local de publicação: _____

d. Notícia principal: _____

vinte e cinco **25**

Tipos de documentos históricos

Existem muitos tipos de documentos históricos. Vamos reuni-los em dois grupos: **documentos escritos** e **documentos não escritos**.

Documentos escritos

São documentos como cartas, livros, jornais, revistas, contratos, diplomas, cartazes.

Capa da revista *O Cruzeiro*. Em edição publicada em 29 de agosto de 1942, a revista divulgou a participação do Brasil na Segunda Guerra.

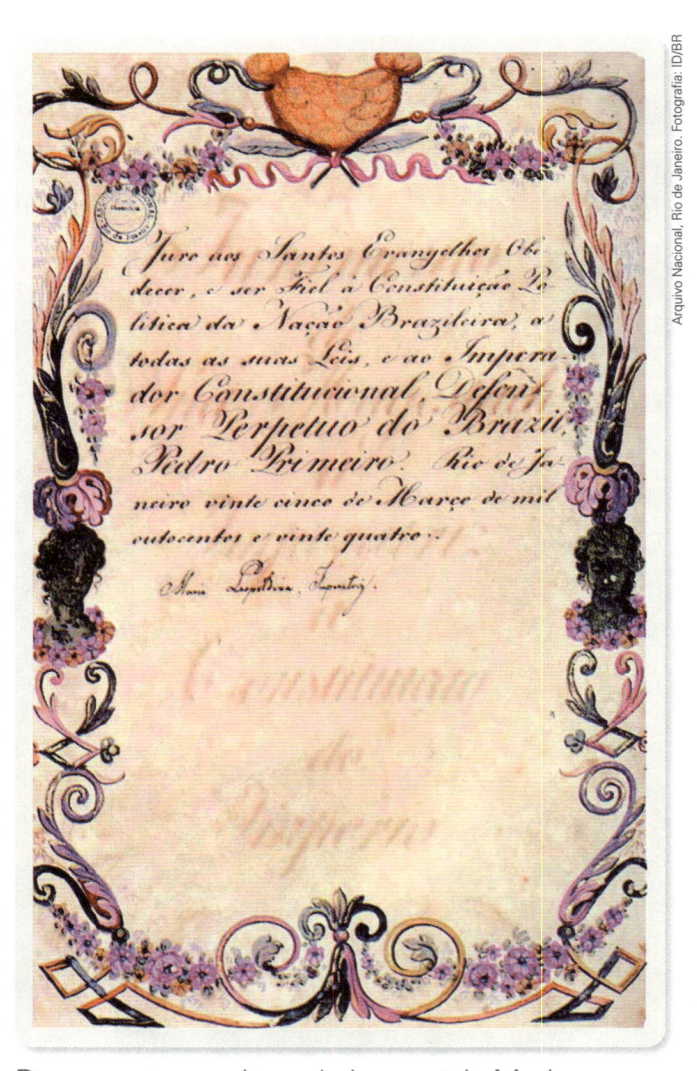

Documento escrito pela imperatriz Maria Leopoldina, em juramento à Constituição brasileira de 1824.

1 Pinte de 🟢 os documentos escritos e de 🟠 os documentos não escritos.

- ☐ carteira de vacinação
- ☐ escultura
- ☐ fotografia
- ☐ vestimenta
- ☐ boletim escolar
- ☐ pintura
- ☐ carteira de identidade
- ☐ brinquedos
- ☐ livros

26 vinte e seis

Documentos não escritos

Podem ser fotografias, pinturas, gravuras, desenhos, mapas, esculturas, filmes, objetos, entre outros.

O **registro oral**, como entrevistas, histórias contadas de uma **geração** para outra, é documento não escrito. Por exemplo, para escrever a história de um bairro, o historiador pode entrevistar os moradores mais antigos.

Geração: conjunto de pessoas que têm aproximadamente a mesma idade.

Outro tipo de documento não escrito são as construções (prédios, casas, igrejas).

Prédio da antiga Câmara Municipal de Ouro Preto, Minas Gerais, construído em 1846. Foto de 2012.

Elas podem retratar a arquitetura de uma época e apresentar informações da história de um lugar.

Ruínas de uma igreja construída no século XVII na cidade de Alcântara, Maranhão. Foto de 2012.

2 Observe a foto **B**, leia a legenda e responda às questões.

a. Em que cidade e em que estado se localizam essas ruínas?

_____

b. São as ruínas de que tipo de construção? _____

3 Escolha um documento escrito e um documento não escrito que você usaria para escrever sua história. Desenhe-os na página 113.

vinte e sete **27**

■ No tempo das cavernas

Existem registros muito antigos, da época em que alguns grupos de seres humanos habitavam as cavernas e usavam instrumentos feitos de pedra. Nas paredes das cavernas, eles pintavam animais, cenas de caçada ou de outras atividades. Essas pinturas são importantes fontes de informação daquela época.

Pintura de cerca de 12 mil anos encontrada em caverna no Parque Nacional da Serra da Capivara, no Piauí. Foto de 2013.

Em **sítios arqueológicos** é possível encontrar pontas de lança feitas de pedra, restos de fogueiras, pinturas em cavernas, cacos de cerâmica, túmulos e ruínas.

Nesses locais, os arqueólogos analisam os objetos encontrados e, por meio deles, descobrem importantes informações históricas dos povos antigos.

Pontas de flecha de aproximadamente 3 mil anos. Acervo arqueológico do Museu do Índio Antônio Adauto Leite, Minas Gerais.

4 Observe a pintura retratada acima, leia a legenda e responda.

a. Que figuras podemos observar? _____

_____

b. Onde foi feita essa pintura? Quando? _____

_____

Registros

Brinquedos

Com base em documentos, o historiador escreve sobre um tema. Ele pode escrever, por exemplo, a história de uma pessoa ou de algum acontecimento por meio do estudo do uso de objetos, como os brinquedos.

Alguns brinquedos existem há muito tempo. As bonecas, por exemplo, são objetos confeccionados por diversas sociedades há muitos séculos. O uso delas, ao longo da história, é bastante diverso e nem sempre foram utilizadas como brinquedos. Ou seja, os objetos que hoje conhecemos como brinquedos passaram por muitas transformações: na forma, no material de que são feitos, no tamanho, por exemplo. Para saber mais, veja o objeto digital.

- Observe as bonecas a seguir.

A Boneca de madeira feita na década de 1750.

B Boneca de plástico da década de 1950.

C Boneca de plástico dos dias atuais.

a. Qual das bonecas é a mais antiga?

b. Quais são os materiais utilizados para a fabricação das bonecas?

c. Qual boneca representa uma atividade de trabalho?

d. Bonecas sempre foram usadas para brincar? Para que outras atividades você acha que as bonecas podem ser utilizadas? Conte sua opinião aos colegas.

Agora já sei!

1 Complete o quadro abaixo, escrevendo três exemplos para cada tipo de documento.

Documento escrito	Documento não escrito

2 Observe a foto ao lado e leia a legenda.

a. Marque um **X** nas informações que a foto e a legenda fornecem.

- ☐ qual o uso
- ☐ quem vai usar
- ☐ de que material é feito
- ☐ é muito usado
- ☐ quando foi feito
- ☐ quem fez

Cesta de fibra de arumã, vegetal típico da região amazônica, fabricado pelo povo Baniwa.

Rubens Chaves/Acervo do fotógrafo

b. Escreva um pequeno texto com as informações que você obteve.

_____
_____
_____
_____

3 Atualmente, existem muitos tipos de brinquedo. Alguns são fabricados em indústrias. Outros são artesanais, feitos um a um por uma pessoa. Forme dupla com um colega para conversar sobre as questões a seguir.

Saber Ser

a. De quais brinquedos vocês mais gostam? São feitos de quê?

b. O que cada criança pode fazer para conservar os brinquedos dela?

30 trinta

✂ Vamos fazer!

Minha linha do tempo

Construa sua linha do tempo, desde seu nascimento até os dias atuais.

Primeiramente, procure obter as informações das diferentes fases de sua vida. Converse com um adulto de sua família e anote, no caderno, os acontecimentos mais importantes.

Nasci em 2010.
Aos 7 meses apareceu meu primeiro dente.
Com 1 ano e 2 meses comecei a andar.
Na minha festa de 2 anos, caí e cortei a testa. Levei três pontos.
Quando tinha 2 anos e meio, nasceu meu irmão Caio.

Depois, divida uma folha de papel sulfite em oito partes iguais para fazer pequenas fichas, uma para cada ano de vida.

Preencha as fichas, escrevendo em cada uma as informações que você conseguiu com seus familiares. Serão oito fichas, uma para cada ano, a começar pelo ano em que você nasceu.

Do que você vai precisar

- uma folha de cartolina
- cola
- canetas hidrográficas

Como fazer

1. Trace uma linha reta na cartolina e divida-a em oito partes, desenhando quadrinhos na parte superior da linha.

2. Escreva um ano em cada quadrinho, desde o ano de seu nascimento.

3. Cole as fichas preenchidas com as informações sobre os momentos mais importantes de sua vida, começando pelo lado esquerdo, como mostra a figura ao lado.

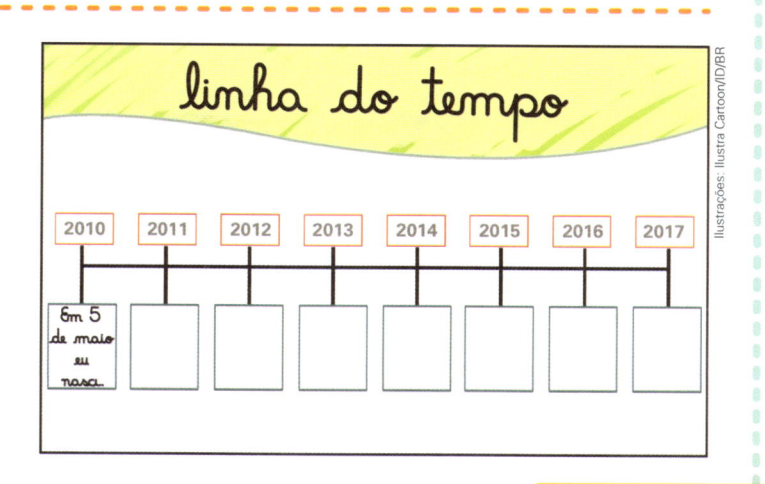

linha do tempo

| 2010 | 2011 | 2012 | 2013 | 2014 | 2015 | 2016 | 2017 |

Em 5 de maio eu nasci.

trinta e um 31

O que aprendi?

1 Observe a foto. Esses objetos estão expostos em um museu localizado no município de São Paulo. Converse com os colegas e tente descobrir qual é o nome desse museu. Depois, explique aos colegas e ao professor como você chegou a essa conclusão.

2 Pinte de 🟡 os acontecimentos do presente, de 🟠 os acontecimentos do passado e de 🔵 os do futuro.

- ☐ meu nascimento
- ☐ meu aniversário de 6 anos
- ☐ cursar o 2º ano
- ☐ cursar o 8º ano

3 As fotos mostram épocas diferentes. Escreva os números **1**, **2** e **3** nas fotos, ordenando-as da mais antiga (**1**) para a mais recente (**3**).

Praça em Porto Alegre, Rio Grande do Sul, em 1910.

Estação do metrô no município de São Paulo, em 2012.

Transporte no município do Rio de Janeiro, em 1875.

32 trinta e dois

4 Leia este trecho de uma entrevista com a escritora Ruth Rocha.

> **Como foi sua formação leitora?**
> Desde pequena, na minha casa, havia contação de histórias. Minha mãe, meu pai e meu avô eram contadores de histórias. Assim quando eu aprendi a ler, já comecei a ler tudo que eu encontrava [...].
>
> **O Brasil tem [...] grandes desafios [...]. Entre esses desafios, está a tarefa educativa de formar leitores. Que dicas a senhora dá a educadores que se dedicam a essa tarefa?**
> Creio que [...] expor as crianças aos livros; dar exemplo dentro de casa e na escola [...].

Ruth Rocha: uma vida de escrita dedicada às crianças. Plataforma do Letramento. Disponível em: <http://linkte.me/gj802>. Acesso em: 15 mar. 2016.

a. Qual é o nome e a profissão da entrevistada?
_____
_____

b. Quando ela começou a gostar de histórias?
_____
_____

c. Essa entrevista é um relato de vida. Esse relato pode ser um documento histórico? Por quê?
_____
_____
_____
_____

@ http://linkte.me/eg7r4
Em seu município existe um museu do brinquedo? Em Belo Horizonte, Minas Gerais, há o Museu dos Brinquedos. Visite o *site* dessa instituição para conhecer a história de alguns brinquedos que existem há muito tempo. Acesso em: 31 mar. 2016.

UNIDADE 2

A família

Existem famílias de vários tamanhos e tipos. Cada família tem sua própria história e seus costumes, que são transmitidos de geração para geração. E toda essa diversidade deve ser respeitada.

Observe as pessoas que estão no parque.

- As famílias representadas são iguais?
- O que você acha que cada família está fazendo no parque?
- Ajude a completar essa ilustração desenhando você e sua família no quadro em destaque. Depois, mostre seu desenho aos colegas.
- As famílias podem se organizar de diferentes formas. Às vezes são compostas de pai, mãe e filhos, às vezes de avós e netos, às vezes de tios e amigos, entre outros. E sua família, como é?

35

CAPÍTULO 1 — As famílias são diferentes

Leia este texto.

Desde que o mundo é mundo existem famílias. Mas nem todas são iguais, não é verdade?

Tem família que é assim:
Pai, mãe, filhos, avós, tios e primos. [...]
Tem família que é só a mãe com os filhos. [...]
Tem família que é só o pai com os filhos. [...]
Mas uma coisa é certa: família todo mundo tem!

Anna Cláudia Ramos e Ana Raquel. *Todo mundo tem família*. Belo Horizonte: Formato, 2000. p. 10-11, 16-18, 20.

1 Assinale as frases que estão de acordo com o texto.

- ☐ Sempre existiram famílias.
- ☐ As famílias foram criadas há pouco tempo.
- ☐ Há um único tipo de família.
- ☐ Há vários tipos de família.

2 Em uma folha avulsa, faça um desenho que complete a frase: "Tem família que é assim...". Depois, o professor vai expor os desenhos no mural.

3 Agora, a turma deve observar todos os desenhos e conversar sobre as questões a seguir.

a. As famílias desenhadas são todas iguais?

b. Nessas famílias, o número de pessoas é o mesmo?

Cada família tem um jeito e um tamanho

As famílias podem ser parecidas. Mas elas se organizam de diferentes formas. Observe estas fotos.

1 Cada frase a seguir está relacionada a uma das fotos acima. Escreva a letra da foto ao lado da frase que corresponde a ela.

☐ Tem família formada por pai, mãe e filhos.

☐ Tem família só com pai e filhos ou só com mãe e filhos.

☐ Também existem famílias em que um neto ou uma neta vive com os avós.

☐ Existem famílias em que avós, netos, tios e primos vivem juntos.

2 Você conhece outros tipos de família? Conte aos colegas como essas famílias são formadas.

trinta e sete 37

A família no tempo

Para os romanos que viveram há cerca de 2 mil anos, a palavra **família** significava um grupo formado por um homem, por todas as pessoas que dependiam dele e por seus bens. Esposa, filhos, trabalhadores de suas terras, animais (cachorros, bois, cavalos), móveis, casa e carroças faziam parte da família.

Detalhe do altar da Paz Augusta com mais de 2 mil anos. Ele mostra detalhes da família do imperador romano Augusto.

Hoje, existem muitos tipos de família. Não é apenas o parentesco que une as pessoas de uma família. Afeto, carinho, costumes e histórias em comum também unem uma família.

1 Assinale as afirmações que estão de acordo com o texto.

☐ Afeto e carinho também unem as pessoas de uma família.

☐ As famílias se organizam de diferentes modos.

☐ A forma de organização das famílias sempre foi a mesma.

☐ O único elemento que une as pessoas de uma família são os laços de parentesco.

Cada família tem uma história

Os acontecimentos e os costumes das famílias fazem parte da história delas e também de cada pessoa que forma as famílias. Eles podem ser lembrados pelas pessoas e transmitidos por várias gerações.

1 Leia a seguir um trecho do depoimento de Messias Andrade de Jesus, que nasceu na Bahia, em 1930.

> Meu pai era pescador. Mas a gente foi mais na roça. Ali ele plantava mandioca, a gente ajudava. Tudo que plantava ali, a gente ajudava. Vivia de roça e de pescaria. A gente tocava os bois no pé do engenho pra poder moer a cana pra fazer a rapadura.
>
> De noite a gente ia para os bailes, aos forrós em outras roças, amanhecia o dia. De manhã vinha tirar leite para o povo tomar café, os trabalhadores. Eu gostava muito desses trabalhos. Até hoje, como eu gosto desse trabalho que eu vivo.

Relato de Messias Andrade de Jesus. Museu da Pessoa, 26 out. 2014. Disponível em: <http://linkte.me/k5612>. Acesso em: 16 mar. 2016.

a. Que atividades ela realizava na infância para ajudar a família?

___

b. No depoimento, Messias Andrade de Jesus se recorda de qual momento de diversão vivido na infância? Como você acha que foi a infância dela?

___

2 Agora é sua vez. Fale para os colegas sobre uma pessoa de sua família que seja muito especial para você.

trinta e nove 39

■ Os objetos contam histórias

Os objetos também podem contar histórias sobre as famílias. Roupas, enfeites, móveis, instrumentos musicais, ferramentas, louças e brinquedos são importantes fontes de informação a respeito das famílias de diferentes épocas.

Observe a imagem abaixo.

Uma senhora brasileira em seu lar, gravura de Jean-Baptiste Debret, cerca de 1823.

3 Preencha a tabela com alguns objetos que aparecem na imagem.

Objetos parecidos com aqueles que existem nas casas hoje em dia	Objetos diferentes daqueles que existem nas casas hoje em dia

4 Em sua casa, há objetos que acompanham a história de sua família? Quais são eles? Conte aos colegas.

Nome e sobrenome

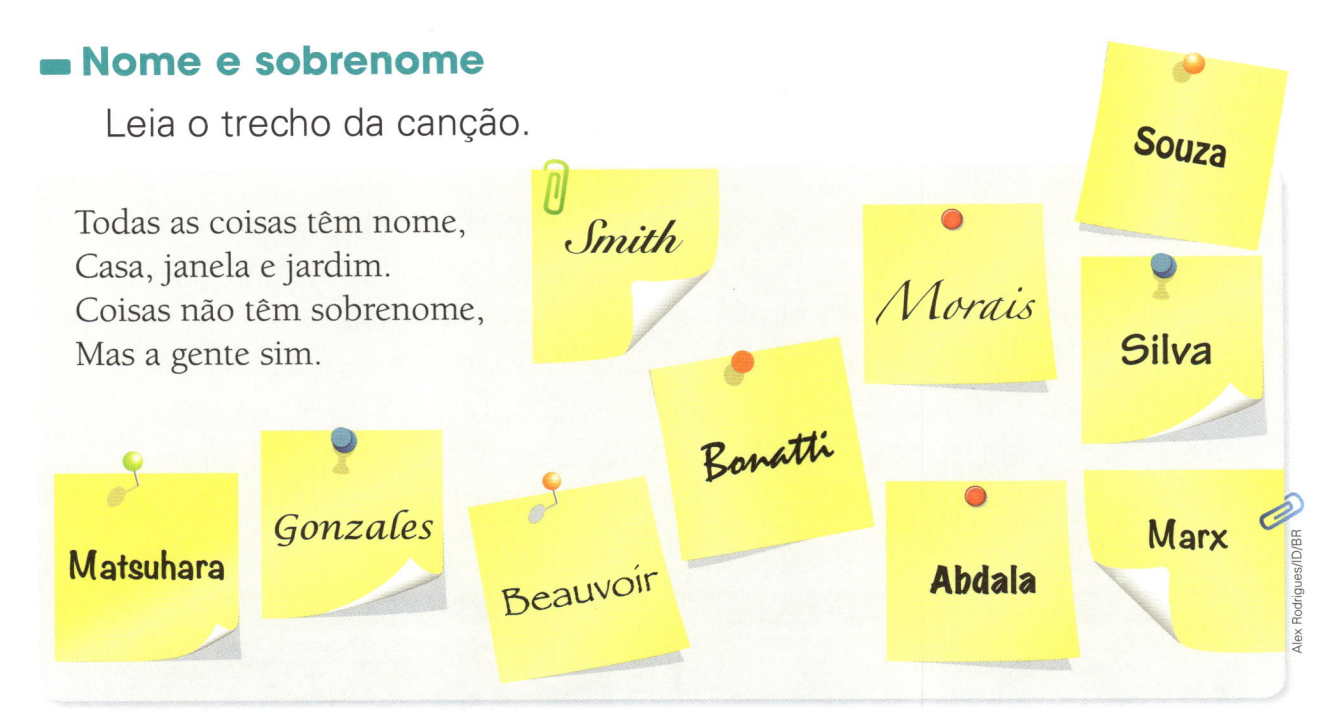

Leia o trecho da canção.

Todas as coisas têm nome,
Casa, janela e jardim.
Coisas não têm sobrenome,
Mas a gente sim.

Smith Morais Souza Silva Matsuhara Gonzales Beauvoir Bonatti Abdala Marx

Toquinho e Elifas Andreato. Gente tem sobrenome. Intérprete: Toquinho e Projeto Guri. Em: *Herdeiros do futuro*, 2002. Disponível em: <http://linkte.me/xc50a>. Acesso em: 23 mar. 2016.

Todas as pessoas recebem um nome quando nascem. Esse nome pode ter sido escolhido para homenagear alguém ou porque a pessoa que o escolheu acha que ele é bonito.

Ao longo do tempo, as famílias começaram a ser identificadas por sobrenomes.

Existem sobrenomes de várias origens. Às vezes são nomes de plantas, como Pereira e Oliveira. Podem ser nomes de lugares, como Braga, que é uma cidade de Portugal. Muitas vezes é difícil saber a origem de um sobrenome.

No Brasil, há vários sobrenomes que vêm de outras línguas, porque muitas pessoas vieram da Itália, da Espanha, do Japão ou de outros países onde não se fala português.

5 Descubra a origem de seu nome e de seu sobrenome e anote abaixo. Se você não souber, pergunte a um adulto.

_____

_____

6 Agora conte aos colegas o que você descobriu sobre seu nome e sobrenome. Procure saber se algum colega tem o mesmo sobrenome que o seu e compare sua história com a dele.

quarenta e um 41

Registros

Álbum de família

É comum as pessoas serem fotografadas em reuniões familiares: aniversários, casamentos, passeios e em muitas outras ocasiões. As lembranças ficam registradas nas fotos!

Essas fotos, reunidas em um álbum, guardam a história da família, de pessoas, de acontecimentos. Também fornecem informações da época: como eram as famílias, quais eram as diversões, como eram as roupas e os penteados, como viviam.

Observe as fotos.

Luís e Ana Oliveira, 1915.

Família Oliveira, 1935.

1 Que detalhes podem indicar que essas fotos não são atuais?
_____
_____

2 O que você acha que essa família estava fazendo nos dias em que foi fotografada? Escolha uma das fotos e escreva uma pequena história.
_____
_____
_____
_____
_____

Agora já sei!

1 Complete as frases abaixo com os parentescos.

a. A mulher do irmão do meu pai é _____.

b. O filho do irmão da minha mãe é _____.

c. O pai da minha prima é _____.

2 Observe a imagem e leia a legenda.

Monumento de pedra representando a família do faraó Akhenaton, do Egito Antigo, feito há mais de quatro mil anos.

- Essa imagem é de uma família antiga ou atual? De onde ela é? Como você chegou a essas conclusões?

_____

3 A família de seu colega é diferente da sua. A sua família também é diferente da família de outro colega, e assim por diante. Converse com os colegas sobre as questões a seguir.

a. As diferenças podem dificultar o relacionamento entre pessoas de uma família e de outra?

b. Para você, o que é mais importante em sua família? E no relacionamento com as outras famílias?

@ http://linkte.me/y0do2
Os objetos também mudam com o passar do tempo. Ao acessar o *site* do Museu da Companhia Paulista, você poderá conhecer mais sobre as transformações ocorridas no transporte ferroviário. Acesso em: 31 mar. 2016.

CAPÍTULO 2 — Convivência em família

Cada família tem um modo de conviver. O dia a dia e os costumes variam de uma família para outra.

Leia o texto sobre o dia em que Raquel encontra a *Casa dos Consertos* e conhece Lorelai e a família dela.

— O senhor podia consertar essa guarda-chuva pra mim?
[...]
Quando ele ia responder, o relógio começou a bater. [...] E batia hora tocando música. [...] todo mundo ficou logo ligado e deixou tudo [...] pra ir pro meio da casa dançar. [...]
[...]
Nem sei quanto tempo durou a curtição. Só sei que, de repente, a música parou. [...] O homem tinha parado junto do fogão [...], a menina junto da Guarda-Chuva, e a mulher perto da panela e da solda. [...]
[...] Apontei [...]:
— Ele é teu pai?
— É. — E aí ela apresentou os três:
— Meu pai, minha mãe e meu avô.
[...]
— Por que é que ele tá cozinhando e tua mãe tá soldando panela?
— Porque ela hoje já cozinhou bastante e ele já consertou uma porção de coisas; [...] tava na hora de trocar tudo.

Lygia Bojunga. *A bolsa amarela*. 33. ed. Rio de Janeiro: Casa Lygia Bojunga, 2006. p. 110-112.

1 A família apresentada na história se parece com a sua? Todos seus familiares colaboram com as tarefas da casa?

O dia a dia em família

As famílias organizam seus horários e suas atividades diárias de diferentes formas. Por exemplo, em algumas famílias as pessoas se reúnem para fazer as refeições e em outras não. Participar da arrumação da casa, trabalhar, estudar, divertir-se são outras atividades que variam de uma família para outra.

1 O que você costuma fazer sozinho? E com sua família? Pinte as opções utilizando as cores a seguir.

- Atividades que faço com toda a família.
- Atividades que faço com algumas pessoas da família.
- Atividades que faço sozinho ou com pessoas que não são da família.

- ☐ Tomar café da manhã.
- ☐ Almoçar.
- ☐ Ir à escola.
- ☐ Ver televisão.
- ☐ Brincar.
- ☐ Ajudar na arrumação da casa.
- ☐ Fazer os deveres da escola.
- ☐ Ler livros.
- ☐ Fazer compras.
- ☐ Passear.

CONTEÚDO NA VERSÃO DIGITAL

2 Escolha uma das atividades que você marcou no exercício anterior e faça um desenho para representar essa atividade.

quarenta e cinco

▪ Colaborando em casa

No dia a dia, todos devem participar das tarefas de casa.

3 Observe as imagens.

a. O que está acontecendo na foto **A**?

_____

b. E na foto **D**?

_____

c. Circule as fotos que mostram situações que ocorrem em sua família. Depois, conte aos colegas: O que cada pessoa de sua família faz para colaborar nas tarefas de casa?

4 Converse com os colegas sobre as questões a seguir.

a. Você acha que há tarefas de casa que devem ser feitas somente por mulheres? Por quê?

b. Você acha que os homens devem colaborar na realização das tarefas de casa? Por quê?

46 quarenta e seis

Os costumes

Cada família tem suas histórias, seus gostos e seus costumes, que são passados de pais para filhos.

Festas, modo de educar os filhos e de organizar a moradia, danças, brincadeiras, jogos, pratos típicos são alguns dos aspectos que variam de família para família.

1 Observe as imagens. Forme dupla com um colega e imaginem outras atividades do dia a dia de cada uma dessas famílias. Anotem as ideias de vocês no caderno.

Avós e neto durante almoço no município de São Paulo. Foto de 2014.

Mãe ensinando a filha a andar de bicicleta em Santa Maria, Rio Grande do Sul. Foto de 2013.

Tia ajudando as sobrinhas a estudar, circo Guaracida em Votorantim, São Paulo. Foto de 2013.

2 Sua família costuma fazer algo especial, de que todos gostam muito? Conte aos colegas.

quarenta e sete 47

Famílias diferentes, costumes diferentes

Você, provavelmente, conhece famílias que têm costumes diferentes dos costumes de sua família. A diferença pode estar no modo de organizar a casa, no comportamento dos familiares, nas atividades que realizam, na maneira de se divertir.

Essas diferenças são mais evidentes quando comparamos nossa família com as famílias de outros povos, por exemplo, os vários povos indígenas. Leia o texto.

> Na comunidade indígena rural Sahú-Apé [...], as crianças vivem num cenário bastante natural, próximo de suas tradições e costumes, isto é, rodeados por rios [...] e matas. Caçam e pescam com os mais velhos, o que a natureza [...] oferece, como jacaré, [...] peixes, entre outros. Aprendem a se proteger de animais peçonhentos, sem temê-los. Elas participam da colheita de milho, mandioca e no preparo da farinha. Elas sabem identificar as frutas da natureza e aquelas cultivadas. Aprendem a arte de andar de canoa e orientar-se pelo caminho do mato. Observam e ajudam na fabricação do artesanato, e ainda aprendem, aos poucos, a importância das plantas encontradas na natureza para a cura de doenças.

Peçonhento: venenoso.

João Luiz da Costa Barros. *Brincadeiras e relações interculturais na escola indígena*: um estudo de caso na etnia Sateré-Mawé. 2012. 133 p. Tese de doutorado – Unimep, Piracicaba.

3 O que mais chamou sua atenção no modo de vida da comunidade Sahú-Apé? Você e sua família realizam muitas atividades juntos? Conte aos colegas.

Os costumes nas famílias do passado

No início do século XX, a maioria das famílias era mais numerosa do que as famílias atuais. Os rapazes e principalmente as moças se casavam muito jovens e tinham muitos filhos.

Nas famílias com mais recursos, em geral as mulheres eram educadas para cuidar da casa. Poucas trabalhavam fora. Eram os homens que ganhavam dinheiro para sustentar a família.

Família fotografada em Caxias do Sul, Rio Grande do Sul, por volta de 1915.

Nas famílias com menos recursos, muitas mulheres trabalhavam fora de casa. Eram operárias, costureiras, balconistas, empregadas domésticas. O salário delas era necessário para o sustento da família. Elas também cuidavam da casa, fazendo as tarefas domésticas bem cedo, antes de ir trabalhar, ou à noite e nos dias de folga.

O salário das mulheres costumava ser menor que o salário dos homens, mesmo quando faziam o mesmo trabalho.

4 Observe a foto desta página e responda às questões.

a. Quando e onde ela foi tirada?

_____

b. Quantos adultos aparecem? E quantas crianças?

_____

c. As roupas são diferentes das que você e os colegas usam?

_____

5 Como é a vida das mulheres hoje em dia? Você acha que hoje elas têm melhores condições de vida? Converse com os colegas.

■ Mudanças

Durante a segunda metade do século XX, depois de muitas lutas, as mulheres começaram a exercer as mais diversas profissões.

Mas ainda existem muitas dificuldades. Há mulheres que recebem salários mais baixos que os homens. Além disso, muitas vezes ainda têm de fazer todo o trabalho de casa.

A Colheita de café no estado de São Paulo, por volta de 1920.

B Operárias em Caxias do Sul, Rio Grande do Sul, em 1925.

C À esquerda, Odette dos Santos Norá, aluna da primeira turma da Faculdade de Medicina da Universidade de São Paulo. Foto de cerca de 1915.

D Sala de aula no município de São Paulo, 1966.

6 Responda às questões a seguir.

a. Circule a foto que mostra um trabalho que as mulheres só puderam realizar a partir do século XX. Que trabalho é esse?

_____

b. Das mulheres que você conhece, quantas trabalham fora de casa? Quais são as profissões delas?

c. Atualmente, há mulheres que ganham salários menores que os dos homens para fazer o mesmo trabalho. O que você acha disso? Converse com os colegas.

Agora já sei!

1 Aniversário! Uma comemoração que faz parte dos costumes de muitas famílias. Leia o texto a seguir.

Acordei cedo naquele dia. Sete anos. [...] Não vi ninguém. [...] Estava de férias. Aliás, esta sempre foi uma frustração. Fazer aniversário no período de férias. [...] Da casa de farinha, lá do alto do morro, ouvi um assobio. Aquele era o tradicional aviso que o **biju** havia acabado de ficar pronto. [...] Em dez minutos meu tio chegava [...]. Disse-me: "Hoje é um dia especial e o café também vai ser especial." [...]

Biju: bolo de massa de tapioca ou mandioca.

Relato de Michele Maria de Souza. *Museu da Pessoa*, 11 fev. 2014. Disponível em: <http://linkte.me/ut6w5>. Acesso em: 24 mar. 2016.

a. Michele faz aniversário em qual época do ano?

b. Você acha que ela gosta de fazer aniversário nesse período? Justifique.

c. Quando é seu aniversário? Você costuma comemorá-lo? Como?

2 No convívio familiar, há momentos de participar das tarefas de casa e há momentos de se divertir.

■ Converse sobre essas questões com os colegas.

a. Você concorda com a afirmação acima? Por quê?

b. Em sua opinião, isso acontece em todas as famílias?

http://linkte.me/c0zvt
Visite o *site* do Museu do Índio e conheça histórias da pesca, de pinturas corporais e muito mais. Assista aos vídeos e conheça mais sobre a diversidade dos povos indígenas.
Acesso em: 31 mar. 2016.

CAPÍTULO 3

As famílias brasileiras

Você sabe qual é a origem de sua família?

Muitas famílias brasileiras são formadas por diferentes povos. No texto a seguir, o médico Drauzio Varella conta a origem da família da mãe dele.

> Meu [...] avô, pai da minha mãe, costumava se sentar na cadeira de balanço e ler as notícias da guerra para minha avó. [...]
>
> [...]
>
> Era um homem baixo e atarracado, que escrevia com letra perfeita. [...] Nascido numa região chamada Trás-os-Montes, ao norte de Portugal, veio para o Brasil com o pai, professor, a mãe e um irmão. [...]
>
> [...]
>
> Foi no **Brás** que ele conheceu a minha avó Ana. Essa minha avó nasceu no Porto, uma das maiores cidades de Portugal, e chegou criança ao Brasil, junto com a família numerosa. [...]

Brás: bairro do município de São Paulo. Na primeira metade do século XX, era um bairro com muitas fábricas e moradias de operários.

Drauzio Varella. *Nas ruas do Brás*. São Paulo: Companhia das Letrinhas, 2004. p. 11-12. (Coleção Memória e História).

1 Agora, responda às questões.

a. Segundo o texto, onde nasceram os avós de Drauzio Varella?

_____

b. Onde o avô e a avó dele se conheceram?

_____

2 Ana organizou uma tabela sobre seus familiares. Qual é a origem do parente mais velho? Converse com os colegas e explique como chegou a essa resposta.

Nome	Ano de nascimento	Local de nascimento (cidade – país)
Paulo José Rossi	1969	Brasília – Brasil
Paulo José Rossi Filho	1989	Belém – Brasil
Herculano Rossi	1950	Roma – Itália
Maria Vitória Flores Simões	1945	Lisboa – Portugal
Nina Helena Rossi	2014	Roma – Itália

Famílias de diferentes origens

Pessoas de diferentes lugares do mundo vieram morar no Brasil. Começaram a chegar em 1500, quando somente os povos indígenas habitavam as terras do atual território brasileiro.

Primeiro vieram os portugueses. Depois os africanos, que foram trazidos à força para trabalhar. Séculos mais tarde, chegaram italianos, alemães, espanhóis, libaneses, poloneses, japoneses, sírios e outros. E todos eles contribuíram para a formação das famílias brasileiras.

Observe abaixo algumas famílias brasileiras de diferentes origens.

Família fotografada no município de São Paulo, em 2014.

Família fotografada em Corumbá, Mato Grosso do Sul, em 2014.

Família fotografada em Itaporã, Mato Grosso do Sul, em 2013.

1 Pinte de 🟡 o quadrinho da frase que mais combina com as fotos acima.

☐ Todas as famílias brasileiras têm a mesma origem.

☐ Cada família está organizada à sua maneira e pode ter origens diferentes.

Uma mistura de costumes

As diferentes origens contribuíram para a grande diversidade de costumes das famílias brasileiras.

Na rua, na escola, no trabalho, as pessoas se encontram e convivem umas com as outras. Assim, cada uma aprende algo dos costumes das outras.

Por exemplo, uma criança de família italiana aprende capoeira, aquela mistura de jogo, dança e luta de origem africana. E na casa de uma família japonesa pode haver uma rede, que é de origem indígena.

E a comida, então? Muita gente gosta de farofa, que é de origem indígena, e há quem adore macarronada com molho de tomate, do jeito italiano. E de vez em quando é muito bom tomar uma sopa, como os portugueses. Ou, ainda, comer uma esfirra ou um quibe, que os sírios e os libaneses ensinaram a preparar.

Foto tirada no município de São Paulo, em 2014.

Foto tirada em Recife, Pernambuco, em 2014.

Foto tirada no município de São Paulo, em 2014.

Foto tirada em Porto Alegre, Rio Grande do Sul, em 2014.

54 cinquenta e quatro

2 Observe as fotos da página ao lado. Você sabe qual é a origem dessas comidas? Dica: desembaralhe as letras para descobrir.

   a. O EBQUI é de origem libanesa e síria. _____

   b. A TIPAOCA é de origem indígena. _____

   c. A macarronada é de origem ATILANIA. _____

3 Em sua família, há o costume de fazer algum prato especial? Você sabe qual é a origem desse prato?

_____

4 Observe as fotos e responda às questões.

   a. O que as crianças estão fazendo?

   _____

   b. Você sabe qual é a origem desse costume?

   _____

Fotos: wckiw/Shutterstock

⊕ SAIBA MAIS

Os africanos trazidos para o Brasil eram pessoas de povos diferentes, com costumes diversos. Mas as famílias africanas tinham algumas características em comum.

Em todas as famílias havia grande consideração pelas pessoas mais velhas. Elas eram tratadas com cuidado, e seus conselhos eram ouvidos com muito respeito. Os idosos contavam as histórias e os costumes de seu povo para as crianças e os jovens.

As crianças eram orientadas e educadas pelas mães. Em geral, a família da mãe tinha uma influência mais forte do que a família do pai.

cinquenta e cinco **55**

Agora já sei!

1 Complete as frases usando as palavras a seguir.

> africanos   portugueses   indígenas

a. Em 1500, os _____ encontraram aqui diversos povos _____.

b. Anos depois, os _____ trouxeram à força pessoas de diferentes povos _____.

2 Leia o texto e responda às questões.

> Nessa metrópole [São Paulo] muitas crianças têm bisavós, avós e até mesmo pais que vieram de outras partes do mundo. Tem gente de Portugal, da Espanha, do Japão, do Líbano, da África, da Itália, da Alemanha, da Coreia e de vários outros lugares. Com essa grande mistura, tem criança com um avô português e uma avó alemã. Outra que é filha de mãe japonesa e pai libanês.

Ana Busch e Caio Vilela. *Um mundo de crianças*. São Paulo: Panda Books, 2007. p. 62.

a. Do que o texto trata?

_____

b. Na região onde a escola está localizada há sinais culturais de outros povos? Com o professor, observem o entorno da escola em busca desses sinais. Se possível, conversem com alguns moradores e tentem descobrir se eles vieram de outros municípios ou países. De volta à sala de aula, a turma deve conversar sobre as descobertas feitas.

3 Cada povo tem costumes, hábitos, festas e idioma próprios. Alguns costumes podem parecer diferentes para quem não tem a mesma origem. Converse com os colegas.

a. Como devemos nos comportar em relação às diferenças de costumes de cada povo?

b. Como você espera que as pessoas se comportem em relação a algum costume seu e da sua família?

Vamos fazer!

Painel da minha família

Podemos representar a família em um painel de fotos.
Veja como é o painel da família de Pedro.

1 Como se chama a irmã de Pedro?

_____

2 Observando as fotos, quem são os familiares mais velhos de Pedro?

_____

Agora você vai fazer um painel com sua família.

Do que você vai precisar

- cartolina
- cola
- tesoura com pontas arredondadas
- canetas hidrográficas

Como fazer

1. Preparação das cópias de fotos ou desenhos

Peça aos adultos de casa a cópia de uma foto sua e uma de cada pessoa de sua família.
Se não conseguir ou faltar alguma, faça um desenho.

2. Organização dos retratos

Organize as fotos ou desenhos das pessoas de sua família em ordem de idade (do mais velho para o mais novo).

3. Finalização

Cole as cópias das fotos ou desenhos em uma folha de cartolina, seguindo a ordem.
Embaixo de cada retrato, escreva o nome da pessoa e o grau de parentesco dela com você.
Enfeite seu painel do jeito que quiser para ele ficar bem bonito.

cinquenta e sete **57**

O que aprendi?

1 Observe as fotos e responda às questões a seguir.

A

Família em praia do Guarujá, São Paulo, em 1925.

B

Família passeando em Teresina, Piauí, em 2014.

a. Qual é a foto mais antiga? _____

b. Que pistas você observou para descobrir qual era a foto mais antiga?
_____
_____

c. O que você observa de semelhante entre as duas fotos?
_____

d. E de diferente?
_____
_____

e. O que você e sua família costumam fazer para se divertir? Conte aos colegas e ao professor.

2 Cada família tem sua história. E agora é sua vez de contar um pouco da história de sua família.

- Preencha a ficha da página 115, contando como é sua família. Explique de onde vieram seus avós e diga como são as crianças e os adultos da família. Se preferir, escreva sobre uma lembrança de infância contada por algum adulto. Depois de escrever sua história, faça um desenho para ilustrá-la.

3 As famílias brasileiras têm histórias e costumes que são passados de pais para filhos. Observe a imagem.

Indígena Yawalapiti ensinando criança a fazer rede com fibras vegetais em Gaúcha do Norte, Mato Grosso. Foto de 2013.

a. Qual é a origem dessa família?

_____
_____
_____

b. Descreva o que você vê na imagem.

_____
_____
_____
_____

c. Você acha que esse costume é passado de pais para filhos? Em sua opinião, por que é importante que os pais ensinem seus costumes para os filhos?

cinquenta e nove **59**

UNIDADE 3

A escola

Durante a semana, você vai à escola. Nela, encontra colegas, professores e funcionários, brinca, aprende coisas novas e faz amigos. Mas a escola é muito mais que isso e também tem uma história.

■ Ajude os alunos da escola da ilustração. Escreva, no diagrama, as palavras que completam as frases abaixo.

a. Durante as aulas de ♦ aprendemos a praticar esportes corretamente.

b. Podemos tomar lanche, brincar e conversar com os nossos ● na hora do ▲.

c. É na ★ que levamos os materiais escolares.

d. Na biblioteca encontramos muitos ■.

e. Encontramos o professor na ⬟.

■ Você acha que todas as escolas são iguais e que elas sempre foram do jeito que você as conhece?

E
S
C
O
L
A

61

CAPÍTULO 1

As primeiras escolas

Você sabia que há cerca de 2 500 anos já havia escolas entre os gregos?

A idade dos alunos variava e havia adultos também. Os estudantes aprendiam a ler e escrever, calcular, falar em público, estudavam música e praticavam esportes.

Pintura em vaso grego antigo.

1 Observe essa pintura e responda.

a. A pintura foi feita recentemente ou há muito tempo?

_____

b. Na cena, algumas pessoas estão em pé e outras estão sentadas. O que elas parecem estar fazendo?

_____

_____

c. Você acredita que essa imagem poderia estar representando um ambiente de estudo?

_____

_____

2 Leia estas questões e converse sobre elas com os colegas.

a. Em sua opinião, como as crianças aprendiam quando não havia escola?

b. Você acredita que todas as crianças podiam estudar?

c. E hoje, será que todas as crianças brasileiras vão à escola?

Quem eram os professores

Na Grécia Antiga, eram os **sábios** que educavam as crianças e os jovens.

Já por volta de 1300, em boa parte da Europa, as aulas eram dadas pelos padres. Em geral, as crianças entravam na escola com 6 ou 7 anos e aprendiam leitura, **latim**, canto, aritmética e, às vezes, escrita.

No Brasil, foram os **jesuítas** que fundaram as primeiras escolas. Eles chegaram em 1549 para ensinar aos indígenas os costumes, a língua e a religião dos europeus. Eles também eram professores dos filhos dos portugueses.

A partir de 1759, o governo português fechou as escolas dos jesuítas. Outras pessoas passaram a dar aulas, às vezes na casa do próprio aluno.

Há quase duzentos anos, o ensino no Brasil passou a ser responsabilidade do governo. O número de escolas e professores aumentou. Mas muitas crianças não frequentavam a escola.

Sábio: na Grécia Antiga, pessoa com muitos conhecimentos, em diversos assuntos.
Latim: idioma falado pelos antigos romanos; deu origem a várias línguas atuais, como o português.
Jesuíta: padre da Companhia de Jesus, um grupo da Igreja católica.

Professora (no centro) em aula na fazenda Pau-Grande, no Rio de Janeiro. Foto de 1860.

1 Qual é a sequência dos acontecimentos abaixo? Numere-os do mais antigo (**1**) para o mais recente (**3**).

☐ Por volta de duzentos anos atrás, o número de professores aumentou, mas nem todas as crianças iam à escola.

☐ Em 1549, os jesuítas chegaram ao Brasil para ensinar aos indígenas a língua, a religião e os costumes europeus.

☐ A partir de 1759, os professores passaram a dar aula na escola ou na casa do aluno.

Quem eram os alunos

Durante séculos, em muitos lugares do mundo, só famílias muito ricas conseguiam dar educação escolar às crianças. Apenas os meninos estudavam. Crianças pobres trabalhavam e não iam à escola.

No Brasil, não foi diferente. Somente os filhos de famílias ricas estudavam. Poucas pessoas eram alfabetizadas. A partir dos anos 1930, a situação começou a mudar: o ensino gratuito tornou-se obrigatório. Mas, ainda assim, poucas crianças pobres frequentavam as escolas.

Meninos jornaleiros no Rio de Janeiro. Foto de 1899.

Crianças e adolescentes voltando do trabalho em Sorocaba, São Paulo. Foto de 1952.

1 Observe as fotos e responda.

   a. Nas imagens **A** e **B**, quem são os trabalhadores?

   ☐ adultos   ☐ crianças e adolescentes

   b. De quando é a foto **A**? E a foto **B**?

   _____

2 Qual das frases a seguir corresponde à situação observada na atividade anterior? Pinte de rosa o quadrinho dessa frase.

   ☐ Logo que o ensino gratuito foi implantado, todas as crianças deixaram seus empregos e passaram a frequentar a escola.

   ☐ No Brasil, o ensino gratuito se tornou obrigatório em 1930, mas muitas crianças continuaram a trabalhar em vez de estudar.

64 sessenta e quatro

▪ A escola é direito de todos

No Brasil, em 1934 a **Constituição** estabeleceu, pela primeira vez, que a educação é **direito de todos**.

Constituição: principal conjunto de leis do país.

Atualmente, é dever do governo criar e manter escolas e garantir vagas para todas as crianças. E é responsabilidade dos pais mandar os filhos à escola.

As crianças com deficiência têm direito de estudar na escola com as outras crianças. Esse direito é garantido por lei.

Estudar é um direito garantido por lei a todas as crianças do Brasil. Mas ainda há muitos meninos e meninas que trabalham e não frequentam a escola. Escola pública em Corumbá, Mato Grosso do Sul. Foto de 2012.

Alunos realizando atividades em sala de aula. Escola em Arapiraca, Alagoas. Foto de 2013.

3 Observe as fotos acima e responda.

a. O que as crianças estão fazendo nas fotos **C** e **D**?

_____

_____

b. Escolha uma das fotos e escreva uma nova legenda que represente o dia a dia escolar.

_____

sessenta e cinco **65**

+ SAIBA MAIS

A escrita foi inventada muito tempo atrás, há mais de 5 mil anos.

Sem a escrita, como os acontecimentos, os costumes e os conhecimentos podiam ser registrados e transmitidos?

Os grupos humanos que viveram em cavernas fizeram desenhos nas paredes, chamados de **pinturas rupestres**.

Eram registros, por exemplo, de pessoas, de animais e de cenas de caça e de dança.

Pintura rupestre com representação de animais, no Parque Estadual de Cerca Grande, Minas Gerais. Foto de 2015.

Outro modo que os povos sem escrita utilizavam para ensinar os conhecimentos e os costumes, como o uso de plantas para curar doenças, era a transmissão oral. Os adultos também contavam aos mais novos a história do grupo.

■ Imagine como seria se você vivesse em uma sociedade sem escrita. Em uma folha avulsa, faça desenhos para registrar como as pessoas viveriam, como seriam os costumes e as atividades, ou algo que você ache importante.

CONTEÚDO NA VERSÃO DIGITAL

Agora já sei!

1 Leia a seguir alguns dos direitos da criança.

> Toda criança do mundo
> Deve ser bem protegida
> [...]
> Criança tem que ter nome
> Criança tem que ter lar
> Ter saúde e não ter fome
> Ter segurança e estudar.

Ruth Rocha. *Os direitos das crianças segundo Ruth Rocha.* São Paulo: Companhia das Letrinhas, 2002. p. 6.

- Você acredita que os direitos das crianças são sempre respeitados? Explique sua resposta aos colegas.

2 Dizemos que analfabeto é quem não sabe ler nem escrever. Sobre esse assunto, responda às questões e depois compartilhe suas respostas com os colegas.

a. É importante saber ler e escrever? Por quê?

b. Se você fosse analfabeto, o que seria diferente em sua vida?

c. Como você acha que deve ser a vida de um adulto que não é alfabetizado?

3 As crianças têm muitos direitos assegurados por lei e um deles é o direito à educação. No entanto, nem todas as crianças frequentam a escola. Você conhece alguma criança que não vai à escola? O que você pensa a respeito disso? Converse com os colegas e o professor.

sessenta e sete **67**

CAPÍTULO 2 — A convivência na escola

O primeiro grupo do qual fazemos parte é a família. Quando passamos a frequentar a escola, nos tornamos parte de um novo grupo: o grupo da escola. Colegas de classe, professores e demais funcionários da escola são pessoas com quem passamos a conviver.

Leia o texto abaixo sobre o dia a dia na escola.

> Na escola a gente vai para aprender. Mas, principalmente, a gente vai para aprender a pensar. [...]
>
> Alguns de nós, que sabem escrever, escrevem. Os outros desenham. [...]
>
> Depois, a gente conversa na roda e cada um diz o que viu e o que anotou. [...]
>
> E a gente também aprende números [...].
>
> [...] E na escola a gente aprende que é muito bom ter amigos. [...]

Ruth Rocha. *A escola do Marcelo*. São Paulo: Salamandra, 2001. p. 4-14. (Série Marcelo, Marmelo, Martelo).

1 Como é seu dia a dia na escola? É parecido com o que você leu no texto?

2 Passamos grande parte do nosso tempo na escola. Pinte de **vermelho** os quadrinhos cujas frases estão relacionadas com o que você vive na escola.

- ☐ A escola é o lugar onde vamos aprender a pensar.
- ☐ Fazemos novos amigos quando frequentamos a escola.
- ☐ Aprendemos a conviver com outras pessoas na escola e, também, a respeitá-las.

3 De acordo com o texto, na escola aprendemos os números, a pensar e a escrever. Mas não é só isso, não é mesmo? O que mais aprendemos na escola? Conte sua opinião aos colegas e ao professor.

Na sala de aula

Na maior parte do tempo em que está na escola, você convive com os colegas da sala de aula. Cada um deles tem gostos, opiniões, vontades, manias, atitudes e comportamentos próprios.

Mas o que cada um faz na sala de aula, como se comporta e como participa das atividades pode contribuir para o aprendizado de todos ou pode atrapalhar.

1 Leia a tira e responda às questões.

PSST... SUSIE! QUANTO É 12+7?

UM BILHÃO.

VALEU!

PERAÍ, ISSO NÃO PODE ESTAR CERTO...

ISSO FOI O QUE ELA DISSE QUE ERA 3+4.

Calvin & Haroldo, de Bill Watterson, publicado em 1986.

a. Onde as personagens estão e o que elas estão fazendo?

b. Você acha a atitude do garoto correta? Por quê?

c. Agora, faça um desenho sobre como você e os colegas costumam se comportar em sala de aula.

Direitos e deveres na escola

Além dos colegas de classe e do professor, nos relacionamos com muitas outras pessoas na escola. Para o bom convívio, é necessário tratar todos com respeito e colaborar com colegas e funcionários.

Na escola existem **normas** que valem para todos. Elas estabelecem os **deveres** e os **direitos** que devem ser respeitados.

Norma: atitude e comportamento a ser respeitado pelos membros de um grupo.

1 No recreio, os alunos se encontram, conversam, brincam e se alimentam. Observe a cena.

■ Descreva uma situação que mostra colaboração entre colegas.

2 Classifique as frases a seguir de acordo com estas cores.

🚩 Direitos do aluno   🚩 Deveres do aluno

☐ Ter carteiras adequadas para estudar.
☐ Cuidar das carteiras e demais materiais da escola.
☐ Ser respeitado por professores e funcionários.
☐ Tratar os colegas com educação.
☐ Receber cuidados quando se machuca.
☐ Prestar atenção às aulas e fazer as lições.
☐ Colaborar com a limpeza.
☐ Participar das atividades em grupo.
☐ Ouvir os colegas e o professor.
☐ Receber explicações quando tiver dúvidas.

Agora já sei!

1 Pinte de **roxo** os quadrinhos das frases que se referem a atitudes que podem contribuir para o aprendizado.

☐ Não fazer a lição de casa.   ☐ Colaborar com os colegas.
☐ Não chegar atrasado às aulas.   ☐ Manter a sala limpa.
☐ Pedir licença para falar.   ☐ Não participar das atividades.

- No caderno, reescreva as frases que você não assinalou, de maneira que elas passem a indicar atitudes que contribuem para o aprendizado.

2 Quais são as principais ações que todos devem ter para um bom convívio na escola? Converse com os colegas e o professor.

3 Forme dupla com um colega para ler a tira a seguir e responder às questões.

DINHO, VOCÊ VIU A BLUSA QUE O BETO ESTÁ USANDO?
VI SIM!
TEM COISA MAIS RIDÍCULA QUE AQUILO?
TEM SIM!
A MANIA QUE ALGUNS TÊM DE ZOAR DOS OUTROS!

Armandinho e o preconceito, tira de Alexandre Beck.

a. Vocês sabem o significado da palavra **zoar**? Contem um para o outro o que vocês acham que essa expressão significa. Depois, pintem de **verde** a definição que mais se aproxima da usada na tira.

☐ Fazer barulhos e ruídos.   ☐ Atrapalhar uma pessoa.
☐ Caçoar de alguém.

b. Um de vocês já passou por alguma situação parecida na escola? Em caso afirmativo, contem como foi.

c. Agora, conversem com os colegas sobre a seguinte questão: Essa atitude é boa para a convivência na escola? Por quê?

setenta e um **71**

CAPÍTULO 3 — A escola ontem e hoje

Ao longo do tempo, os espaços escolares passaram por muitas transformações. Observe as fotos a seguir.

Sala de aula no município do Rio de Janeiro, em 1914.

Sala de aula em Sobral, Ceará, em 2013.

1 Agora, responda às questões.

a. Que pessoas estão retratadas em cada uma das fotos?

_____

b. Compare as fotos **A** e **B** e escreva o que mudou e o que permaneceu igual nas salas de aula.

_____

_____

A escola de seus bisavós

Na época em que seus bisavós eram crianças, a escola era diferente do que é hoje. Havia diferenças não só no prédio e nas salas de aula, mas também no ensino.

Naquele tempo, poucas crianças iam à escola. Dessas crianças, a maioria era meninos. Os alunos aprendiam a ler, a escrever, a fazer cálculos (somar, subtrair, dividir e multiplicar). A leitura era feita em voz alta e, ao escrever, a letra tinha de ser bem bonita.

As meninas que iam à escola tinham também aulas de costura e de bordado. Os meninos aprendiam alguma profissão.

Na sala de aula, as meninas sentavam de um lado e os meninos sentavam de outro. Existiam também salas só de meninos e salas só de meninas. Veja as fotos.

Meninas em aula de trabalhos manuais no município do Rio de Janeiro, em 1922.

Meninos em aula de carpintaria, em 1960.

1 Na escola da época de seus bisavós, o que as crianças aprendiam?

2 Pinte de **verde** o quadrinho que apresenta a frase referente à realidade das escolas de antigamente.

☐ Não havia diferenças entre o ensino de meninos e de meninas.
☐ As meninas aprendiam bordado e costura e os meninos aprendiam alguma profissão.

3 Na época de seus bisavós, por que havia poucas meninas na escola? E hoje, todas as crianças, meninos e meninas, frequentam a escola? Converse com os colegas e o professor.

setenta e três 73

➕ SAIBA MAIS

Para anotar um recado, papel e lápis ou caneta bastam. Mas esses materiais nem sempre existiram.

Ao longo da história, foram usados diferentes materiais sobre os quais se escrevia: placa de argila, tábua de madeira, pedaço de cerâmica, **papiro**, **pergaminho** e outros. Até mesmo a escrita se diversificou ao longo do tempo e de acordo com o lugar.

Papiro: folha cortada do caule de uma planta com esse nome e que, depois de preparada, era usada para escrever ou pintar.
Pergaminho: couro de alguns tipos de animais que era usado para escrever.

A Tablete mesopotâmico de argila com inscrições de mais de 4 mil anos atrás.

B Pedaço de cerâmica de mais de 2 mil anos atrás, com escrita grega.

C Papiro de mais de 3 mil anos atrás com figuras e escrita egípcias.

D Pergaminho ornado com desenhos, de cerca do ano 1300.

■ Observe as imagens e leia as legendas. Qual delas apresenta o registro escrito mais antigo e de que material ele é feito?

_____
_____

A escola hoje

Você já sabe que, ao longo do tempo, a escola foi passando por mudanças, até mesmo nas disciplinas estudadas.

Hoje, todas as crianças e todos os jovens, tanto meninos como meninas, devem ir à escola. Em geral, meninos e meninas estudam na mesma sala e cada um se senta em uma carteira. As aulas são as mesmas para todos.

1 Observe na foto as disciplinas que eram ensinadas antigamente.

Boletim escolar de 1962 de um aluno da 1ª série (atual 2º ano).

- Compare as disciplinas que você tem na escola com as desse boletim. Quais disciplinas você não tem? E quais você tem e não estão no boletim?

setenta e cinco 75

Registros

Agenda

Em muitas escolas, os alunos utilizam **agenda**. Você conhece? Ela se parece com um caderno, mas suas páginas servem para fazer anotações sobre atividades diárias.

As páginas iniciais e finais da agenda podem trazer informações como feriados, mapas e telefones úteis. As demais páginas apresentam os dias do ano, em que se anotam compromissos como reuniões, provas, passeios, trabalhos, visitas, aniversários. Os adultos costumam marcar também lembretes, datas de pagamento de contas e de consultas médicas, acontecimentos importantes.

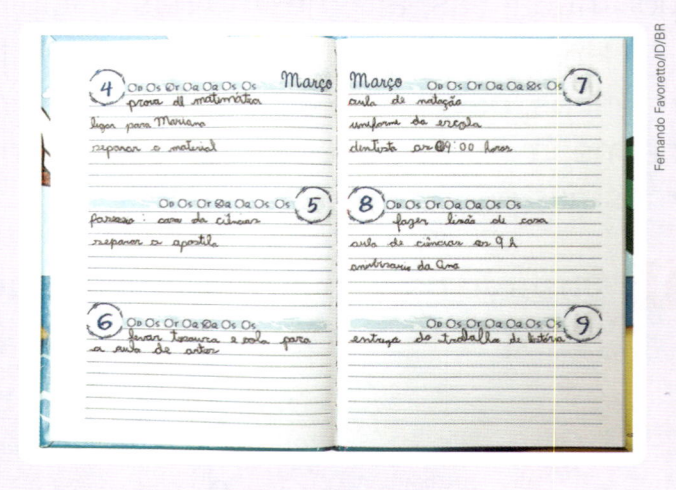

Todos esses registros fazem parte da vida de uma pessoa. Imagine uma agenda que foi usada muito tempo atrás. As informações anotadas ajudarão a escrever a história dessa pessoa.

- Na escola, você usa agenda? _____

  a. Se usa, escreva que tipo de anotações você faz. O professor também faz anotações?

  _____

  b. Se não usa, o que anotaria se tivesse uma? Por quê?

  _____

A escola indígena

Os povos indígenas não educavam suas crianças em escolas. Elas aprendiam observando os adultos. Foram os jesuítas que criaram escolas para ensinar aos indígenas a língua portuguesa, os costumes e as crenças religiosas dos europeus.

Até cerca de cinquenta anos atrás, o ensino na maioria das escolas indígenas seguia os padrões de ensino dos não indígenas. A língua e os costumes dos povos indígenas não eram considerados.

Atualmente, essa situação está mudando. Em muitas escolas localizadas nas aldeias, as crianças indígenas têm aulas na língua de seu povo, com professores indígenas. Elas aprendem Português, Matemática e as outras disciplinas que as crianças não indígenas aprendem. Mas também têm aulas sobre o modo de vida e os conhecimentos do povo ao qual pertencem.

Crianças Kuikuro na escola da aldeia localizada em Gauchá do Norte, Mato Grosso. Foto de 2012.

1 Pinte de **vermelho** o quadrinho que melhor completa a frase a seguir.

Nas escolas indígenas do Brasil, hoje as crianças aprendem...

☐ somente Português e Matemática.
☐ apenas Filosofia europeia.
☐ a valorizar e a preservar o modo de vida de seu povo.
☐ a cantar somente as canções de sua tribo de origem.

■ Aprendendo as tradições de seu povo

Nas escolas indígenas, os alunos aprendem a língua, as histórias, os costumes, a culinária e o modo de trabalhar do povo de que fazem parte. Em algumas aldeias, as pessoas mais velhas vão à escola dar aulas sobre plantas medicinais e levam os meninos e as meninas à mata para colher essas plantas. Elas também ensinam as crianças a fazer cestos, cerâmica, enfeites e outros objetos de acordo com o povo a que pertencem.

Os professores indígenas fazem livros e outros materiais especiais para os alunos indígenas aprenderem melhor. Nesses livros, escritos nas várias línguas indígenas, fala-se da vida desses povos.

Cartaz da Escola Estadual Indígena Pataxó Muã Mimatxi, em Itapecerica, Minas Gerais, 2012.

2 Observe o cartaz, leia a legenda e responda às questões.

a. A que povo indígena o cartaz se refere?

b. Você acha que o tema do cartaz é sobre educação indígena? Justifique.

c. Você acredita que as propostas escritas no cartaz contribuem para a preservação da cultura indígena? Converse com os colegas.

As escolas nas comunidades quilombolas

As comunidades quilombolas são povoados ou bairros formados por descendentes de escravizados. Muitos desses povoados foram fundados por pessoas escravizadas que resistiram e lutaram para conseguir a liberdade.

Os homens e as mulheres que vivem atualmente nessas comunidades guardam tradições próprias, como práticas religiosas, danças, cantos, modos de cozinhar, de plantar e de viver. Essas tradições vêm de seus antepassados africanos e são transmitidas dos mais velhos para os mais novos até hoje. Na escola, além desses conhecimentos, as crianças aprendem as histórias de resistência contra a escravidão vividas pelas pessoas que iniciaram a comunidade.

Crianças na escola da comunidade quilombola das Onze Negras no Engenho Trapiche, Cabo de Santo Agostinho, Pernambuco. Foto de 2013.

1 O que são comunidades quilombolas?

2 Nas comunidades quilombolas, o que as crianças aprendem na escola?

3 Procure saber se na cidade onde você mora existe alguma comunidade quilombola. Anote no caderno o nome da comunidade e como as pessoas vivem. Depois, conte aos colegas e ao professor o que você descobriu.

Agora já sei!

1 Leia o relato de uma pessoa de 67 anos sobre a escola.

> Eu entrei com 7 anos e estudava o dia inteiro. Eu lembro que no primário eu estudava matemática, português, história, das 9h da manhã às 5h da tarde, com intervalo de uma hora para o almoço. [...] tinha também trabalhos manuais, a gente levava um bordadinho para fazer [...]. Aos sábados era o dia que a gente fazia esses trabalhos. Sábado era só meio dia. [...] A escola [...] tinha sala só de meninas e só de meninos.

Magda Sarat. Memórias da infância e histórias da educação de imigrantes estrangeiros no Brasil. Disponível em: <http://linkte.me/x2f2p>. Acesso em: 29 mar. 2016.

a. Que outras atividades eram ensinadas na escola, além das disciplinas de Matemática, Português e História?

b. Nessa escola meninos e meninas estudavam na mesma sala de aula? O que você acha sobre esse assunto?

c. Sua escola se parece com a escola descrita no texto? O que você mais gosta de estudar? Que outras atividades você gostaria de aprender? Converse com os colegas.

2 Há cerca de cinquenta anos, como era a educação das crianças indígenas? Sua cultura, sua língua e seus costumes eram respeitados? E hoje, esses aspectos são respeitados? Converse com os colegas.

3 Destaque e preencha a ficha da página 117. Nela, você vai escrever um texto contando como é a escola onde você estuda, qual é o nome dela, onde ela fica, quem é seu professor e como é seu dia a dia. Depois, vai fazer um desenho para ilustrá-la.

> http://linkte.me/m352n
> No *site* do Arquivo Público do Estado de São Paulo, você vai encontrar fotos de diferentes escolas do passado. Observe como alunos e professores se vestiam. Acesso em: 31 mar. 2016.

Vamos fazer!

Cartaz

Como é a história da escola onde vocês estudam?

Organizados em grupos, vocês vão contar essa história em uma exposição de cartazes.

Cada grupo deverá escolher um dos itens abaixo.

- Fundação da escola.
- História do nome da escola.
- História do prédio da escola.
- Atuais funcionários da escola e suas ocupações.
- Antigos funcionários que não trabalham mais na escola.
- Acontecimentos interessantes ou curiosos.

Reúna-se com os colegas de seu grupo para planejar o trabalho e dividir as tarefas.

Do que vocês vão precisar

- cartolina
- tintas
- purpurina
- lápis de cor
- canetas hidrográficas
- adesivos, recortes de revista, entre outros
- tesoura com pontas arredondadas

Como fazer

1. Pesquisa
Busquem informações e imagens na biblioteca e na secretaria; entrevistem funcionários (combinem antes).

2. Criação
Usem a imaginação e a criatividade para fazer um esboço do cartaz. Pensem na disposição do título, do texto, das imagens e de enfeites que chamem a atenção.

3. Execução
Montem o cartaz na cartolina como o criado no esboço. Façam os últimos retoques com materiais variados.

4. Exposição
Com a ajuda do professor, organizem a exposição dos cartazes. Marquem uma data para receber colegas de outras turmas e funcionários.

5. Convites
Dividam em quatro partes algumas folhas avulsas. Em cada parte, escrevam a data, o local e o tema da exposição e distribuam os convites na escola.

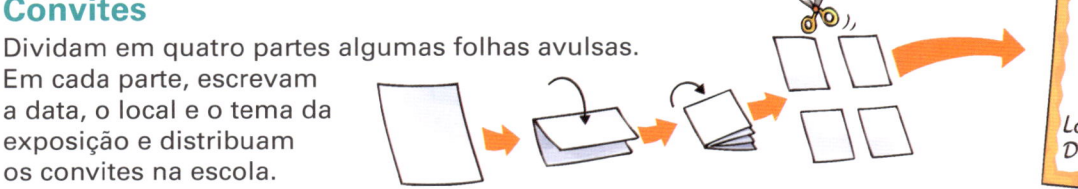

O que aprendi?

1 Contar histórias é um meio de transmitir conhecimentos. Observe as imagens.

A contadora de história, pintura de Lorenz Frölich, feita por volta de 1870.

Crianças Guarani na aldeia Tekoa Pyau, no município de São Paulo. Foto de 2015.

a. Qual imagem é a reprodução de uma pintura e qual é a reprodução de uma foto?

_____

b. Agora, escolha uma das imagens e observe os detalhes dela. Em seguida, escreva um pequeno texto sobre a imagem escolhida. Depois, leia o texto para os colegas.

_____
_____
_____
_____

82 oitenta e dois

2 Conheça mais sobre as escolas do passado. Entreviste um adulto de sua família e anote as respostas no caderno. Depois, compartilhe os resultados com a turma.

   a. Na escola em que você estudou, havia meninos e meninas na mesma sala de aula?

   b. Os alunos de todas as séries ficavam na mesma sala?

   c. Quais eram as disciplinas do 1º ano? Havia uniforme?

   d. Como eram as carteiras: compartilhadas ou individuais?

3 Chegar a um lugar em que não conhecemos ninguém provoca alguns sentimentos.

Saber Ser

   a. Você se lembra de seu primeiro dia de aula? Como se sentiu? Algum colega falou com você? Conte como foi.

   b. Agora, pense na seguinte situação: Um novo aluno, que não conhece ninguém, começou a estudar em sua sala. Você faria algo para ajudá-lo a se enturmar? O quê? Conte aos colegas.

   c. Após conversar com os colegas, procure lembrar como foi seu primeiro dia na escola e faça um desenho sobre esse dia.

oitenta e três **83**

UNIDADE 4
As ruas e a vizinhança

Ruas, avenidas, praças, viadutos, pontes e diferentes prédios podem estar ao redor de sua casa. Você já reparou? Há moradias, fábricas, lojas, escolas... E pessoas que, ao longo do tempo, constroem a história da comunidade.

- Observe a ilustração. Você conhece algum lugar parecido com esse?

- No Brasil, é comum que nas cidades o conjunto de ruas, moradias e estabelecimentos de uma comunidade se organize em bairros. Mas isso não ocorre em todos os lugares. Na região onde você mora, há bairros? E na região da escola?

- Estão faltando algumas placas nessa vizinhança! Elas estão na página 121. Destaque-as e cole-as nos lugares corretos. Dica: as placas que faltam indicam: nome de rua, ponto de ônibus, museu, escola, loja de roupas, consultório de dentista e padaria.

RUA PATAXÓ
36

RUA DA CONQUISTA

85

CAPÍTULO 1 — **Diferentes vizinhanças**

Algumas pessoas, quando viajam, costumam enviar cartões-postais para amigos e parentes. Você sabe como é um cartão-postal?

Geralmente, na parte da frente há uma foto de um lugar turístico, como praia, construções, rua ou bairro famosos.

Cartão-postal com foto da praça da República, no centro de Belém, Pará, 2013.

No verso, há espaços para escrever uma mensagem e o endereço da pessoa que vai receber o cartão-postal.

PRAÇA DA REPÚBLICA, BELÉM (PARÁ)

SELO

No verso, em geral há o nome do lugar na parte superior, do lado esquerdo.

1 O cartão-postal acima é de que lugar?

2 Você acha que os cartões-postais podem ajudar a contar a história de uma vizinhança, um bairro e até de uma cidade? Por quê? Conte sua hipótese aos colegas.

O endereço

Para localizar uma moradia, utilizamos o endereço: nome da rua, número da casa, nome do bairro. Será que sempre foi assim?

Até o início do século XIX, no Brasil, muitas ruas eram conhecidas pelo nome de um morador ou de um lugar importante. Era "rua do João", "rua do Colégio". Além disso, nas construções não havia número. Era "em frente da padaria" ou "**pegado** ao correio".

Pegado: ao lado, muito próximo.
População: conjunto de pessoas que vivem em um lugar.

Com o crescimento da **população**, os governos municipais começaram a identificar as ruas por nomes, e as construções por números. Isso facilitou a localização das casas. As correspondências, por exemplo, passaram a ter o nome e o endereço da pessoa que iria receber a carta.

O nome dado a ruas, praças e avenidas pode homenagear, por exemplo, pessoas, acontecimentos históricos, países, povos indígenas, profissões.

Placa da rua Barata Ribeiro, em Copacabana, no município do Rio de Janeiro. Foto de 2013.

1 Observe a placa e responda às questões.

a. Em qual município essa placa de rua está localizada?

_____

b. Quem é o homenageado nessa placa de rua?

_____

2 Na página 119, desenhe um cartão-postal com uma paisagem de sua vizinhança. Depois, no verso, escreva seu endereço e o da pessoa para quem você gostaria de enviar o cartão.

Registros

Cartas

Durante muito tempo, a comunicação entre pessoas que estavam distantes umas das outras ocorria por meio de cartas. Dependendo da distância, elas demoravam semanas e até meses para chegar.

Você sabe o que é necessário para enviarmos uma carta? Você já recebeu ou enviou alguma?

No envelope da carta, devem aparecer algumas informações básicas como: o nome da pessoa que a receberá (**destinatário**) e o endereço dela (rua, número da casa, bairro, se houver, município, estado e código de endereçamento postal – também chamado de **CEP**). Além disso, é preciso informar o nome e o endereço de quem está enviando a carta (**remetente**), comprar e colar o selo postal e levá-la em um dos postos de atendimento do correio.

Por conta de todas essas informações, com o passar do tempo as cartas se tornaram importantes fontes históricas. Nelas, podemos encontrar pistas que colaboram para conhecermos a história das pessoas e dos lugares. Observe o envelope abaixo.

Envelope postal utilizado no Brasil por volta de 1949. Nessa época, ainda não existia o CEP, que só começou a ser usado a partir de maio de 1971.

- Localize no envelope as seguintes informações:

    a. Nome da pessoa que receberá a carta _____

    b. Endereço do destinatário _____

    c. Data de envio da carta _____

Espaço de lazer

As ruas já foram espaços de brincadeira e lazer. O nome de algumas ruas lembra as brincadeiras que eram realizadas nelas. Por exemplo, rua do Jogo da Bola, no Rio de Janeiro.

Nas grandes cidades atuais, as ruas foram quase todas ocupadas por veículos e pedestres. Mas, em cidades pequenas e em bairros mais tranquilos, ainda há ruas onde as crianças podem brincar.

1 Observe as fotos e leia as legendas.

Rua Barão do Rio Branco, em Sorocaba, São Paulo, na década de 1920.

Uma rua em Bento Gonçalves, no Rio Grande do Sul, em 2012.

a. O que as crianças estão fazendo em cada uma das cenas?

b. Quais são as principais diferenças entre as ruas mostradas nas fotos **A** e **B**?

2 Nem sempre as ruas das cidades estão bem cuidadas e preservadas. Algumas estão abandonadas, sujas, mal iluminadas e com muitos buracos. Em sua opinião, isso pode atrapalhar a vida das pessoas que utilizam essas ruas? Por quê?

3 Na página 119, desenhe um lugar em que você costuma brincar em sua vizinhança. Escreva uma legenda para seu desenho.

oitenta e nove 89

Como são os bairros

Nos bairros, podemos encontrar casas, escolas, igrejas, hospitais, bancos, farmácias, padarias, mercados, lojas, fábricas, restaurantes, sorveterias e muitos outros elementos.

Mas todos os bairros são iguais? E em todos eles encontramos tudo isso? Veja as fotos a seguir.

A — João Prudente/Pulsar Imagens
B — Carlos Ezequiel Vannoni/Agência JCM/Fotoarena
C — Rubens Chaves/Pulsar Imagens
D — João Prudente/Pulsar Imagens

1 Observe as fotos e leia as frases a seguir. Agora, coloque a letra da foto ao lado da frase correspondente.

☐ Lojas em uma rua do Rio de Janeiro (Rio de Janeiro, 2012).

☐ Moradias em rua calma e arborizada em Cajuri (Minas Gerais, 2013).

☐ Uma rua sem árvores no Recife (Pernambuco, 2013).

☐ Moradia em área rural em Passa Quatro (Minas Gerais, 2012).

Agora já sei!

1 As comunidades ribeirinhas da região amazônica costumam morar em casas construídas sobre troncos e estacas de madeira acima do nível da água e nas margens dos rios, chamadas **palafitas**. A seguir, leia o texto sobre o assunto e responda às questões.

A comunidade ribeirinha da Amazônia vive em casas de palafitas. [...].

Os ribeirinhos contam com poucos serviços públicos. Geralmente não contam com assistência médica e [...] sofrem com a falta de meios de transporte e de comunicação.

Na época das grandes enchentes é a população que mais sofre [...]. Para isso usam o recurso de subir o piso das casas de palafita com tábuas para que as águas não os alcancem.

Comunidade ribeirinha: comunidade que vive nas margens dos rios.

Palafitas da comunidade ribeirinha de Urucurituba, Manaus. Foto de 2015.

Ribeirinhos da Amazônia. Portal Amazônia. Disponível em: <http://linkte.me/dk7v0>. Acesso em: 30 mar. 2016.

a. As comunidades ribeirinhas enfrentam muitos problemas. Escreva pelo menos dois problemas enfrentados por essas comunidades.

_____

_____

b. Que solução a comunidade ribeirinha encontra para resolver em parte o problema das enchentes?

_____

_____

2 O lazer é importante para o bem-estar das pessoas. No lugar onde você mora existem espaços de lazer? Em uma folha avulsa, desenhe esse espaço. Com a orientação do professor, afixe o desenho no mural da classe e conte aos colegas como é esse espaço.

noventa e um **91**

CAPÍTULO 2 — A vida no bairro

Observe a ilustração que mostra parte de um bairro.

1. Circule de **vermelho** os locais que você acha que podem ser usados como moradia. Depois, circule de **verde** os estabelecimentos que prestam serviços à comunidade.

2. Desembaralhe as letras e descubra o nome dos locais **A**, **B** e **C** que podem ser usados como espaços de lazer.

   A RAPQUE _____
   B PÇARA _____
   C VIACIOCL _____

3. Um bairro é uma forma de organização das cidades. Você acha que nele costumam morar muitas ou poucas pessoas? Conte sua hipótese aos colegas.

92 noventa e dois

Convivência e vizinhança

Quando se vive algum tempo em um mesmo bairro, é comum conhecer os vizinhos e outros moradores. E também é comum conhecer pessoas que nos atendem nos lugares que frequentamos. É o Edu da banca de jornal, o Fernando do posto de gasolina, a Joana da padaria. São pessoas com quem se convive no dia a dia.

Mas será que é sempre assim?

Em algumas cidades, há bairros com muitos prédios de apartamentos. Nesses prédios, às vezes as pessoas nem conhecem seus vizinhos. E nem sempre há lugares para as crianças brincarem. Por isso, muitas delas ficam dentro do apartamento e quase não brincam com outras crianças.

1 Não conhecer os vizinhos é mais comum nas grandes cidades ou nas pequenas? Por quê?

_____

_____

_____

2 O que é importante para conviver bem com as pessoas da vizinhança? Converse com os colegas e o professor.

noventa e três 93

Serviços públicos: ontem e hoje

É importante que o bairro tenha ruas asfaltadas, energia elétrica, água encanada, **rede de esgoto**, coleta de lixo, serviços de correio e segurança. Mas será que esses serviços sempre existiram?

Rede de esgoto: sistema de canos que leva a água usada nas casas até o mar, lago ou rio.

Serviços públicos ontem

Há pouco mais de cem anos, na maioria dos bairros das cidades do Brasil, poucas ruas eram **pavimentadas** e não havia água encanada, rede de esgoto ou distribuição de energia elétrica. O transporte coletivo também não era acessível a todos e ficava concentrado nos grandes centros urbanos.

Pavimentada: rua que tem algum revestimento, por exemplo, asfalto.

Antigamente, os lampiões eram as fontes de iluminação pública disponíveis no Brasil. Eles eram acesos e apagados, um a um, diariamente, pelo acendedor de lampiões, como o da foto de cerca de 1900.

Para ter água em casa, era necessário buscá-la nas fontes conhecidas como chafarizes. Geralmente, esse trabalho era realizado por escravizados, que utilizavam grandes barris, chamados de pipas, para transportar a água pela cidade. Gravura de Henry Chamberlain, 1822.

1 Observe as imagens desta página e responda às questões.

a. Quais serviços públicos estão representados?

b. Como esses serviços eram realizados no passado?

▪ Serviços públicos hoje

Atualmente, muitos bairros brasileiros contam com importantes serviços públicos, como iluminação pública, distribuição de água encanada e de luz elétrica, rede de esgoto, postos de saúde, escolas públicas, limpeza e conservação das vias públicas, entre outros.

Além desses serviços, alguns bairros têm apresentado inovações como a coleta seletiva de lixo, que diminui o impacto do lixo produzido pela comunidade no meio ambiente, e a implantação de ciclovias, que estimulam o uso de bicicletas para o deslocamento.

Porém, esta não é uma realidade para todas as cidades do Brasil.

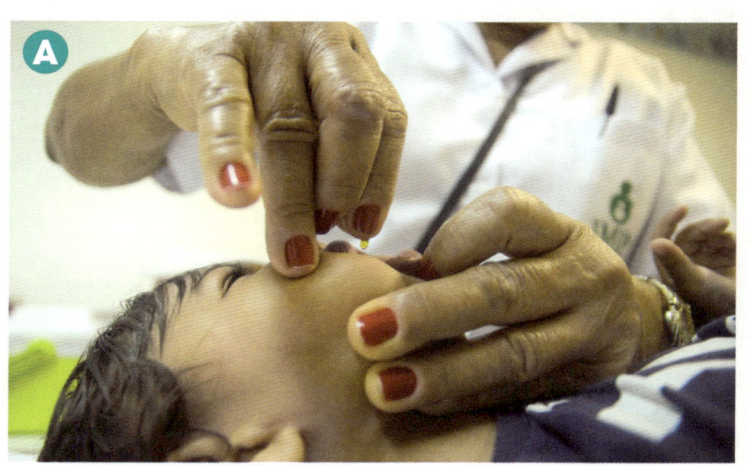

O sistema público de saúde oferece vacinação para crianças, jovens, adultos e idosos. Posto de saúde, em Recife, Pernambuco. Foto de 2015.

A coleta de lixo reciclável chega a 60 toneladas por dia, em aterro sanitário localizado no município de São José dos Campos, São Paulo. Foto de 2015.

2 Escolha uma das fotos e escreva qual é o serviço público que ela representa.

3 Você acha que os serviços públicos são importantes para as pessoas? Por quê? Conte aos colegas.

Problemas dos bairros

Nem sempre existem nos bairros todos os serviços públicos de que as pessoas precisam. As fotos abaixo mostram mais alguns problemas que existem em todo o Brasil.

A Às vezes, o ônibus demora a chegar. Ponto de ônibus em Ribeirão Preto, São Paulo. Foto de 2012.

B Enchente em Esteio, Rio Grande do Sul. Foto de 2013.

C Praça Conde Francisco Matarazzo no município de São Paulo. Foto de 2012.

D Lixo acumulado na rua em um bairro de Salvador, Bahia. Foto de 2013.

1 Qual dos problemas representados nas fotos chamou mais a sua atenção?

2 Quem deve resolver esse problema? Converse com os colegas e o professor.

96 noventa e seis

É possível mudar

Em bairros onde os serviços públicos são precários, muitas vezes os cidadãos se unem para resolver os problemas. Foi o que fizeram os moradores do Candeal Pequeno, um bairro de Salvador, na Bahia.

Tudo começou com uma escola de formação musical para os jovens: o Pracatum. Com o grupo reunido, foi mais fácil pôr outras ideias em prática, como pintar as casas do bairro.

Unidas, as pessoas conseguiram outras melhorias para o bairro, entre as quais estão a coleta de lixo, a ampliação da rede de esgoto e de água encanada, a construção de posto de saúde e de creche.

Fachada das casas do bairro Candeal Pequeno, em Salvador, Bahia, após as reformas. Foto de 2014.

3 Conhecendo os problemas do bairro.

a. Em casa, pergunte aos adultos quais são os principais problemas do bairro onde vocês moram. Anote as respostas.

_____

_____

b. Na classe, conte aos colegas os problemas que você anotou. Com a ajuda do professor, verifique quais foram os três problemas mais citados, escrevendo-os abaixo.

_____

_____

c. Forme dupla com um colega para pensar em soluções para esses problemas. Anotem as ideias que tiveram.

_____

_____

noventa e sete 97

➕ SAIBA MAIS

Os projetos sociais são ações de um grupo de pessoas que se organiza para resolver os problemas que existem em uma rua, em um bairro ou em uma cidade.

Jovens participantes do projeto Dançando para não dançar, na favela do Cantagalo, no município do Rio de Janeiro. Foto de 2013.

Mulheres trabalhando no projeto Mãos à obra – artesanato em osso e madeira em Jardim, Mato Grosso do Sul. A atividade garante uma nova fonte de renda para muitas famílias. Foto de 2012.

Apresentação da Orquestra Sinfônica Baccarelli, da comunidade de Heliópolis, no município de São Paulo. Os integrantes recebem bolsa-auxílio e têm a oportunidade de profissionalização. Foto de 2013.

Saber Ser

■ Existem muitos projetos sociais. Descubra se no bairro em que você mora existe algum e veja como as pessoas podem participar.

Agora já sei!

1 Leia o texto. Ele trata das primeiras cidades construídas no Brasil pelos portugueses, no século XVI.

> [...] as cidades eram erguidas com pouca ou nenhuma preocupação com higiene [...]. Não havia esgoto [...] e os **dejetos** eram jogados... Adivinha por onde? Pela janela! Imagina estar passeando pela rua e ser vítima de alguém esvaziando seu penico! Argh!
>
> A situação de imundice das cidades era tão crítica que designaram escravos para a árdua tarefa de recolher as fezes da população em barris para atirarem ao mar.

Dejeto: urina e fezes.

Adauto Araújo e Luiz Fernando Ferreira. Um pouco de sujeira na história. *Ciência Hoje das Crianças*, Rio de Janeiro, SBPC, ano 20, n. 176, p. 10, janeiro/fevereiro 2007.

a. De acordo com o texto, o que era feito com os dejetos?

b. Quando os dejetos passaram a ser recolhidos, quem fazia esse serviço? Para onde os dejetos eram levados?

c. Imagine dejetos de cidades jogados no mar por anos e anos. O que acontece com a água do mar?

2 Calcula-se que, atualmente, cada brasileiro produz, em média, 1 quilograma de lixo por dia. Você poderia produzir menos lixo? O que poderia ser feito com esse lixo? Em grupos, pensem em algumas opções. Depois, conversem sobre o que cada grupo pensou.

A coleta seletiva permite a diminuição do impacto negativo da produção de lixo na natureza. Foto de 2016.

noventa e nove **99**

CAPÍTULO 3 — A história dos bairros

Os bairros têm história. Eles vão sendo construídos e transformados ao longo do tempo. Alguns conservam elementos de épocas antigas, que ajudam a contar a história deles, enquanto outros passam por muitas transformações. Observe as duas imagens abaixo.

A

Coreto na praça da Liberdade, em Belo Horizonte, Minas Gerais, cartão-postal de 1969.

B

O mesmo local em 2012.

1 Que lugar foi representado nas imagens? Qual imagem é mais recente?

_____

_____

2 Que elemento foi preservado nesse lugar?

_____

Como surgem os bairros

Cada bairro tem sua história. Essa história pode começar em uma fazenda. Ou então com algumas casas e lojas, depois com ruas e mais estabelecimentos.

Muitas vezes, o nome do bairro está associado à história dele. Há mais de duzentos anos, na praça principal de vilas e cidades, por exemplo, havia uma coluna de madeira ou pedra chamada pelourinho. Nela, fixavam-se avisos e também castigavam-se os africanos escravizados.

Na Bahia, o pelourinho deu origem ao nome de um bairro localizado no centro antigo de Salvador.

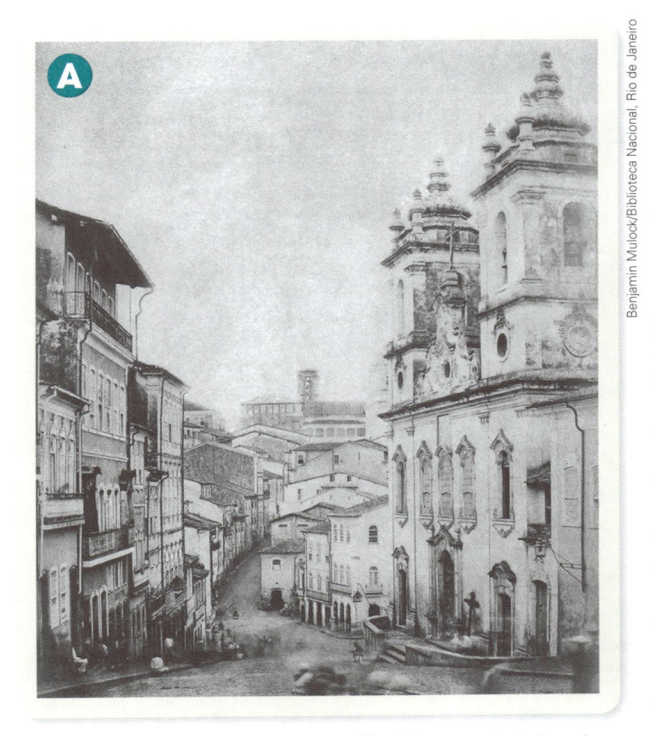

Pelourinho, em Salvador, Bahia, no início do século XX.

O mesmo local em 2013.

1 Observe acima as fotos do bairro do Pelourinho. Na foto **B**, circule de **vermelho** os elementos que não aparecem na foto **A**.

2 Pinte de **amarelo** o quadrinho que melhor completa a frase a seguir.

Cada bairro tem sua história. Essa história pode começar...

☐ somente por meio de uma praça principal.

☐ em uma fazenda ou em um local que tenha algumas casas, ruas e estabelecimentos.

cento e um 101

A história de um bairro

O bairro mais antigo do município de Recife, em Pernambuco, também se chama Recife. Ambos surgiram ao redor de um porto criado pelos portugueses assim que chegaram à região, no começo do século XVI.

Quando Pernambuco foi invadido pelos holandeses, em 1630, foram construídos, na região do Recife atual, armazéns, uma ponte e até uma **sinagoga**.

Sinagoga: templo em que judeus se reúnem para praticar a religião deles.

Durante o século XX, o porto do Recife perdeu importância para outros portos brasileiros e o bairro empobreceu. Em 1994, começou o programa de revitalização, com a reforma de prédios antigos, a abertura de lojas e restaurantes e a instalação de empresas de tecnologia.

Hoje, o bairro, conhecido como Recife antigo, é um dos mais famosos da cidade.

Vista aérea do bairro do Recife, em Recife, Pernambuco. Foto de 2013.

3 Em 1994, a região do porto de Recife passou por um processo de revitalização, que recuperou áreas que estavam abandonadas e mal cuidadas. Você conhece algum bairro que está mal cuidado? O que seria necessário fazer para recuperá-lo? Conte aos colegas.

Os bairros se transformam

Em alguns bairros, as mudanças ocorrem mais rapidamente. Em outros, as mudanças podem ser lentas, difíceis de serem notadas.

Nos dois casos, as transformações podem ser percebidas na paisagem, nos hábitos das pessoas e no ritmo de vida delas.

1 Observe estas fotos e responda às questões a seguir.

Praça dos Martírios, em Maceió, Alagoas. Ao fundo, a igreja Senhor do Bom Jesus dos Martírios. Foto de 1909.

O mesmo local em 2015.

a. Quanto tempo se passou entre a primeira foto e a segunda?

b. Você acha que houve muitas mudanças nesse local? Converse com os colegas.

cento e três 103

Preservação do passado

Há bairros que são o núcleo de origem de algumas cidades. Neles surgiram as primeiras construções e as primeiras ruas e chegaram os primeiros moradores do local.

Nesses bairros, as construções antigas que ainda existem são registros da história. Elas possibilitam trazer do passado as histórias do bairro e, ao mesmo tempo, da cidade, do país.

Por serem importantes registros da história, essas construções normalmente fazem parte do **patrimônio histórico**, ou seja, do conjunto de bens que, por seu valor histórico, devem ser preservados e protegidos.

O município de Paraty, no Rio de Janeiro, preserva muitas construções antigas. Atualmente, Paraty é um importante centro turístico brasileiro. Foto de 2013.

2 O que você acha que é patrimônio histórico?

3 Com a ajuda dos adultos que moram com você, descubra: Quais são as construções mais antigas de onde você mora e de quando elas são? Alguma construção faz parte do patrimônio histórico nacional?

- Depois, escolha uma dessas construções e desenhe-a ou cole uma foto dela na página 119.

4 Você considera importante a preservação dessas construções? Por quê? Converse com os colegas e o professor.

Objetos e memória

Pinturas, fotos, esculturas, músicas, mapas, móveis e outros elementos também contribuem para a preservação da memória. Eles podem revelar costumes e modos de vida de uma época ou de um grupo social. Podem dar informações que possibilitam escrever a história do bairro, do município e do país.

Objetos com valor histórico podem ser encontrados em **museus**. Nos museus, eles são conservados, estudados e expostos.

A Cômoda do início do século XIX.

B Ingresso para um baile em 1889.

C Ferros de passar do século XIX.

D Detalhe de *Largo do Paço*, pintura de 1865, de autoria de Luigi Stallone, representando a cidade do Rio de Janeiro no século XIX.

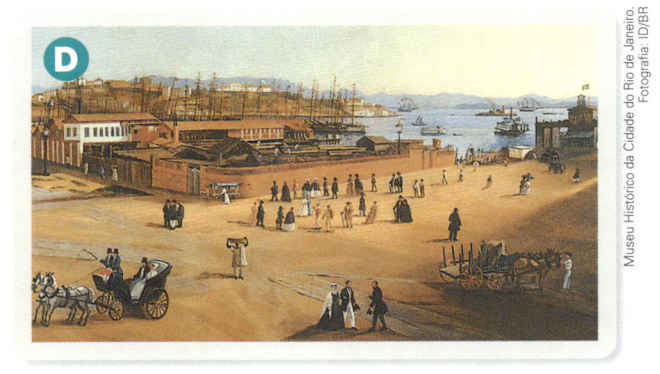

5 Forme dupla com um colega. Cada um deverá escolher uma das imagens acima, sem que o outro saiba qual foi a escolhida. Observe atentamente a imagem que você selecionou. Juntos, ouçam a leitura que o professor vai fazer das legendas. Depois, descrevam um para o outro as imagens escolhidas, mencionando todas as informações possíveis. Ao final, com base nas descrições, tentem descobrir qual imagem cada um escolheu.

cento e cinco 105

Agora já sei!

1 Observe estas imagens. Elas são do centro de Porto Alegre, no Rio Grande do Sul, em diferentes épocas.

a. O que se manteve nas três fotos?

_____
_____
_____

Foto de 1903.

b. Identifique os meios de transporte que aparecem em cada foto.

_____
_____
_____
_____

Foto de 1910.

c. Na foto **C**, o que representa o passado? E o presente?

_____
_____
_____
_____
_____

Foto de 2012.

2 Vamos refletir sobre o patrimônio histórico? Converse com os colegas sobre as questões abaixo.

a. Houve muitas ou poucas mudanças entre as fotos **A** e **C**?

b. O que aconteceu com o prédio principal das fotos?

c. Se construções e objetos antigos não forem preservados, o que poderá acontecer com a história de nosso bairro, cidade e país?

Vamos fazer!

Entrevistando um morador

As pessoas mais velhas têm muitas histórias para contar. Os relatos delas trazem importantes informações sobre a história dos lugares. Que tal descobrir mais informações sobre o lugar onde está localizada a escola onde estuda, entrevistando um antigo morador?

Do que você vai precisar

- caderno
- caneta
- cartolina
- lápis de cor

Como fazer

1. Com a orientação do professor, a turma deve elaborar uma lista com o nome dos moradores mais antigos do lugar e, a partir dessa lista, escolher um desses moradores para entrevistar. Nessa etapa, o professor ficará responsável por convidar o entrevistado.

2. Antes de marcar a entrevista, preparem um roteiro de perguntas. Vocês podem se inspirar no modelo ao lado.

3. Reservem uma sala da escola e marquem com antecedência a data e o tempo de duração da entrevista. Lembrem-se de levar o roteiro de perguntas, o caderno e a caneta para registrarem as respostas.

4. Escrevam na cartolina todas as informações que descobriram por meio da entrevista. Vocês podem ilustrar o material com desenhos dos lugares que o entrevistado citou.

5. Depois que o material estiver pronto, ele pode ser afixado no mural da classe.

Roteiro de Perguntas

Nome do Entrevistado

Há quanto tempo você mora aqui?

Como eram as ruas e as casas antigamente?

Quais serviços públicos já existiam?

O local onde você mora mudou muito?

cento e sete **107**

O que aprendi?

1 Observe o envelope e responda às questões.

Carla Pandiá
Rua Xavante, 32 - João Pessoa
Paraíba

0 1 2 3 4 - 1 2 3
RPC

a. Quais informações são necessárias para que uma carta seja enviada?

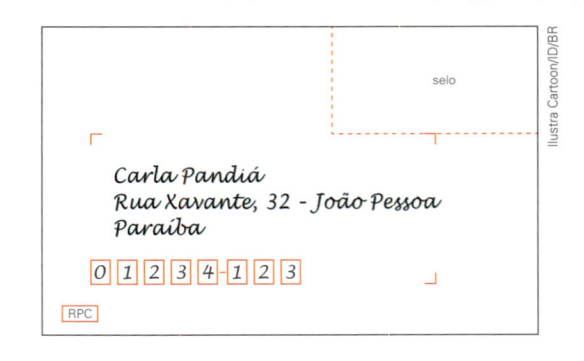

_____

_____

b. A rua indicada homenageia alguém? Quem?

_____

2 Para que a vizinhança seja um bom lugar para morar, quais serviços você acha que devem ser oferecidos?

3 Em sua opinião todas as vizinhanças são iguais? Converse com um colega e descubra como é a vizinhança onde ele vive. Agora, escreva as semelhanças entre a sua vizinhança e a vizinhança de seu colega.

_____

_____

4 Leia as frases a seguir e relacione as cores com os serviços públicos prestados.

🟧 Materiais como plásticos, vidros e papéis podem ser reciclados.

🟦 A água passa por tratamento antes de chegar às torneiras das casas.

🟨 A energia elétrica permite que casas e ruas sejam iluminadas quando o sol se põe.

☐ Rede de abastecimento de água.

☐ Iluminação pública.

☐ Coleta seletiva de lixo.

5 Escreva uma frase para cada item.

a. patrimônio histórico: _____

_____

b. preservação: _____

_____

6 No dia a dia, as pessoas com deficiência enfrentam dificuldades para circular nos bairros. Observe as imagens a seguir e converse com os colegas sobre a questão: Qual seria a solução para os problemas apresentados?

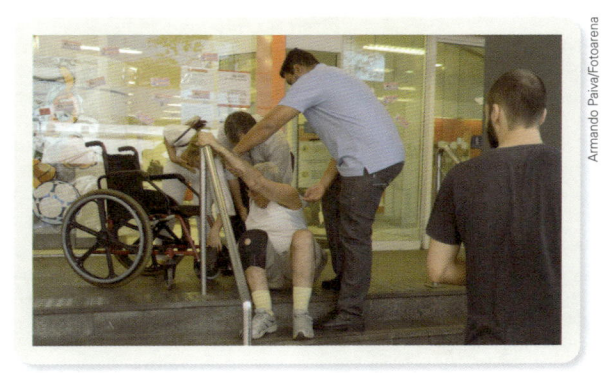

@ http://linkte.me/b70zq
No *site* da Turminha do Ministério Público Federal (MPF), além de ter acesso a informações que todos precisam conhecer, como os direitos da criança, você saberá o que é necessário para que pessoas com deficiência circulem sem dificuldades. Acesso em: 31 mar. 2016.

Sugestões de leitura

Unidade 1

Caixinha de guardar o tempo, de Alessandra Roscoe. Editora Gaivota.

O tema principal dessa história é a memória, que por meio do tempo vai guardando as lembranças das experiências vividas por cada pessoa.

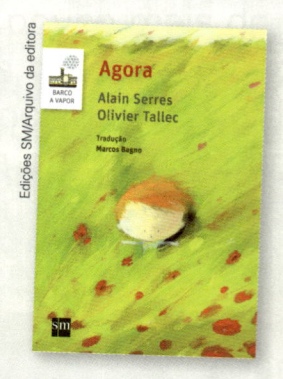

Agora, de Alain Serres. Edições SM.

Nessa obra, há uma coletânea de histórias que apresentam as transformações que o tempo causa na vida de cada pessoa e, também, na natureza.

Unidade 2

É tudo família!, de Alexandra Maxeiner. L&PM Editores.

O livro mostra que as famílias podem ser diferentes. Nessa história, a autora apresenta a diversidade existente dentro de uma grande família.

Álbum de família, de Lino de Albergaria. Edições SM.

O livro apresenta ao leitor a importância dos laços familiares e o respeito que todos devem ter com os membros da família.

Bem-vindo à família!, de Mary Hoffman. Edições SM.

O livro conta que as crianças podem chegar às famílias por diferentes meios, como a adoção. A ideia é mostrar que, independentemente do modo como elas chegam, o importante é recebê-las com amor.

110 cento e dez

Unidade 3

Uma escola para mim, de Ronnie R. Campos. Editora Casa Publicadora.

O livro fala sobre o desafio de se ter uma escola ideal que atenda às necessidades de cada aluno, sem perder de vista o respeito, a aceitação e a amizade.

Hoje eu não quero ir à escola, de Nilson Denadai. Editora Novo Século.

A obra mostra que nem sempre o dia a dia na escola é fácil e que há crianças que precisam lidar com certos desafios impostos por alguns colegas.

Por que eu vou para a escola?, de Oscar Brenifier. Editora Panda Books.

O livro conta a história de um garoto muito curioso e do amigo dele, que saem em busca de respostas aos seus questionamentos.

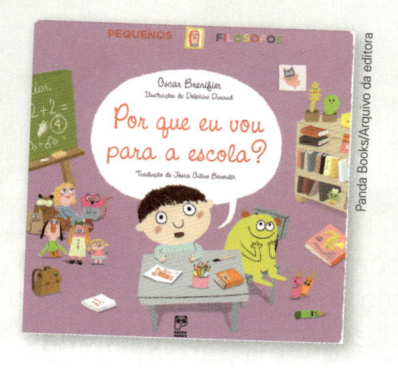

Unidade 4

Meu bairro, de Lisa Bullard. Cereja Editora.

O livro conta a história de uma garota e seu novo vizinho, que fazem surpreendentes descobertas ao passear pelo bairro onde moram.

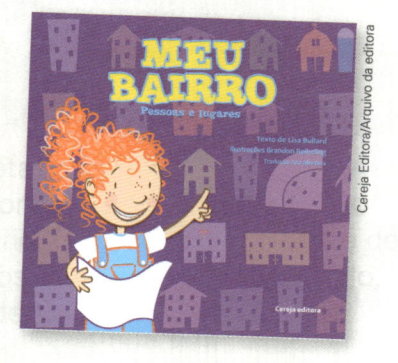

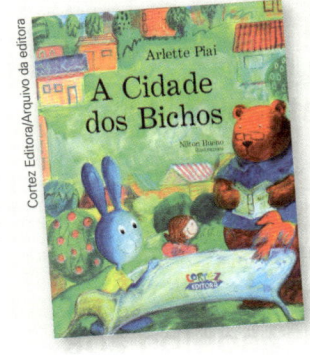

A cidade dos bichos, de Arlette Piai. Cortez Editora.

Nesse livro, temas como cidadania, justiça e solidariedade são abordados por meio de uma fábula, que conta como os bichos de uma cidade se uniram para transformar o local onde viviam em um lugar melhor.

Bibliografia

ARANHA, Maria Lucia de Arruda. *História da educação e da pedagogia*. São Paulo: Moderna, 1996.

ÁRIES, Philippe. *História social da criança e da família*. Rio de Janeiro: LTC, 1981.

BITTENCOURT, Circe (Org.). *O saber histórico em sala de aula*. São Paulo: Contexto, 1997.

BLOCH, Marc. *Apologia da história ou o ofício de historiador*. Rio de Janeiro: Jorge Zahar, 2002.

BRASIL. Ministério da Educação. Instituto Nacional de Estudos e Pesquisas Educacionais. *Exame Nacional do Ensino Médio – Enem*: documento básico. Brasília: MEC/Inep, 2001.

_____. Instituto Nacional de Estudos e Pesquisas Educacionais. Sistema de Avaliação de Educação Básica. *Matrizes curriculares de referência*. Brasília: MEC/Inep, 1999.

_____. Secretaria de Educação Fundamental. *Parâmetros curriculares nacionais*: História. Brasília: MEC/SEF, 1997.

BURKE, Peter (Org.). *A escrita da história*: novas perspectivas. São Paulo: Ed. da Unesp, 1992.

CERTEAU, Michel de. *A escrita da história*. Rio de Janeiro: Forense Universitária, 1992.

CHARTIER, Roger. *A história cultural*: entre práticas e representações. Rio de Janeiro: Difel, 2002.

COLL, César. *Psicologia e currículo*. São Paulo: Ática, 2000.

_____ et al. *Os conteúdos na reforma*. Porto Alegre: Artmed, 1998.

CUNHA, Manuela Carneiro da (Org.). *História dos índios no Brasil*. São Paulo: Companhia das Letras-Secretaria Municipal de Cultura-Fapesp, 1992.

FAUSTO, Boris. *História do Brasil*. São Paulo: Edusp-FDE, 1997.

FERRO, Marc. *A história vigiada*. São Paulo: Martins Fontes, 1989.

FUNARI, Pedro Paulo A.; SILVA, Glaydson José da. *Teoria da história*. São Paulo: Brasiliense, 2008.

JENKINS, Keith. *A história repensada*. São Paulo: Contexto, 2003.

KARNAL, Leandro (Org.). *História na sala de aula*. São Paulo: Contexto, 2003.

LE GOFF, Jacques. *História e memória*. Lisboa: Edições 70, 2000. v. 1 e 2.

LOPES, Eliane et al. (Org.). *500 anos de educação no Brasil*. Belo Horizonte: Autêntica, 2000.

MACEDO, Lino de. Eixos teóricos que estruturam o Enem – conceitos principais: competências e habilidades; situação-problema como avaliação e como aprendizagem; propostas para pensar sobre situações-problema a partir do Enem. In: *I Seminário do Exame Nacional do Ensino Médio*. Instituto Nacional de Estudos e Pesquisas Educacionais: Brasília, out. 1999.

MARCÍLIO, Maria Luiza. *História da escola em São Paulo e no Brasil*. São Paulo: Instituto Braudel-Imprensa Oficial, 2005.

MUNDURUKU, Daniel. *Coisas de índio*. São Paulo: Callis, 2000.

NOVAIS, Fernando (Org.). *História da vida privada no Brasil*. São Paulo: Companhia das Letras, 1997. v. 1, 2, 3 e 4.

PERRENOUD, Philippe. *Construir as competências desde a escola*. Porto Alegre: Artmed, 1999.

_____; THURLER, Monica Gather. *As competências para ensinar no século XXI*. Porto Alegre: Artmed, 2002.

PIAGET, Jean. *A psicologia da inteligência*. Trad. Egléa de Alencar. Rio de Janeiro: Fundo de Cultura, 1958.

PINSKY, Carla B. (Org.). *Fontes históricas*. São Paulo: Contexto, 2005.

PINSKY, Jaime (Org.). *O ensino de história e a criação do fato*. São Paulo: Contexto, 1988.

PRIORE, Mary del. *História das crianças no Brasil*. São Paulo: Contexto, 1999.

VYGOTSKY, Lev Semenovich. *Pensamento e linguagem*. 3. ed. São Paulo: Martins Fontes, 1991 (Série Psicologia e Pedagogia).

ZABALA, Antoni. *A prática educativa*. Porto Alegre: Artmed, 1998.

Destacar

Página 13 › Atividade 1 | Página 27 › Atividade 3

A minha história

Meu nome é:

Onde eu nasci:

Data do meu nascimento:

Nome completo dos meus pais:

Documento escrito:

Documento não escrito:

Destacar

Página 59 › **Atividade 2**

A minha família

Destacar

Página 80 › **Atividade 3**

A minha escola

Destacar

Página 87 › Atividade 2

Cartão-postal

Página 89 › Atividade 3 | Página 104 › Atividade 3

Onde eu moro

Lugar para brincar   Patrimônio histórico

cento e dezenove 119

SELO

Destacar e colar

Página 84 › **Atividade de abertura da unidade 4**

Toy › **Atividade de abertura da unidade 1**

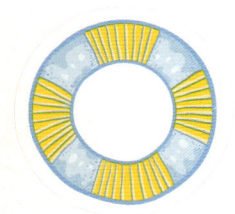

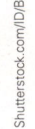

cento e vinte e um 121